Normen

Normen

Erik Hagemann

Impressum

Copyright: Erik Hagemann

Jahr: 2023

ISBN: 978-9-403-69644-7

Lektorat/ Korrektorat: Ricarda Sinsel, Erik Hagemann

Illustrationen: /

Covergestaltung: Erik Hagemann

Weitere Mitwirkende: Ricarda Sinsel

Verlagsportal: Bookmundo.de

Gedruckt in Deutschland

Die Deutsche Nationalbibliothek verzeichnet diese Publikation in der Deutschen Nationalbibliografie

An meine lieben Freunde,

denen ich auf ewig zu Dank verpflichtet bin.

I have striven not to laugh at human action, not to weep at them, not to hate them, but to understand them.

- *Barach Spinoza, Tractus Politicus, 1676*

Inhaltsverzeichnis

Part 3

N

O

R

M

E

N

Vorwort I

Obwohl wir bestrebt sind, eine inklusive Sprache zu verwenden, kann es vorkommen, dass die gewählten Formulierungen nicht immer neutral sind. Dies geschieht unbeabsichtigt und dient keinesfalls der Diskriminierung oder Ausgrenzung einer bestimmten Personengruppe. Wir möchten betonen, dass sämtliche Aussagen und Informationen in diesem Text für alle Personen gleichermaßen relevant sind, unabhängig von Geschlecht, Geschlechtsidentität oder -ausdruck. Falls Unklarheiten oder Missverständnisse auftreten, bitten wir um Verständnis und stehen für Rückfragen zur Verfügung. Unser Ziel ist es, eine respektvolle und inklusive Kommunikation zu fördern. Wir danken für Ihr Verständnis und die Offenheit gegenüber verschiedenen Ausdrucksformen und Identitäten.

Nachdenklichkeit als Basis meines Charakters bringt mich immer wieder in die Verlegenheit, wenn auch nur aus persönlicher Sicht, kritische Themen in Augenschein zu nehmen. Im Moment bin ich sogar sehr in mich gekehrt, was sich nicht nur im Privaten manifestiert. Dinge zu hinterfragen gehört auch zu meinem Studium der Gesundheitswissenschaften wie Tom zu Jerry. Die beliebte Kinderserie heißt übrigens nicht »Tom vs. Jerry«, sondern »Tom und Jerry«. Es geht nicht, wie es auf den ersten Blick scheint, um einen Kater, der mit all seiner Macht versucht, eine Maus zu fangen. Viel mehr sehe ich ein Wechselspiel zwischen Gut und Böse. Beide existieren und gleichen sich am Ende stets aus. Sie gehören zusammen, sie brauchen einander, wie Ying und Yang. Und wie mir auffiel, brauchen wir feste Normen, um in Freiheit leben zu können. Wir benötigen Restriktionen, damit Freiheit herrschen kann. Es mag perplex klingen, dass Gegensätzlichkeiten ohne einander nicht existieren können, aber es ist wahr. Wie will jemand einen Wettbewerb gewinnen, wenn nicht gleichzeitig jemand anderes verliert? Jeder Tag in unserem Leben ist ein Wettkampf, ein Spiel. Mal gewinnen wir, mal verlieren wir. Wollen wir hoffen, dass wir mehr gewinnen als verlieren und stolz das Spielfeld verlassen können. Andere Spielende werden irgendwann auf diesem Spielfeld stehen und vielleicht werden sie sich an uns erinnern und sich sagen: »So will auch ich mein Spiel spielen«. Nicht alle aspirierenden Fußballspielende werden sagen, dass sie so werden wollen wie Messi oder Ronaldo. Es gibt zig Vorbilder im Fußball, sowie im Basketball oder jeder anderen Profession. Es werden nicht zwei Menschen für jeweils 50% des

Nachwuchses ein Vorbild werden. Viel eher gibt es dutzende Vorbilder, die sich untereinander ihre Padawane* aufteilen werden.

Den richtigen Weg gibt es schlichtweg nicht. In unserer Gesellschaft kann und sollte sich der Mensch seiner eigenen freien Entfaltung widmen, anstatt einer anderen hinterher zulaufen. Aber was hat das alles mit Normen zu tun? Nun, kurz gesagt unterliegen wir alle sehr vielen Normen. Vielen freiwillig, den meisten unterbewusst und anderen nur unter Abneigung. Lernen wir Normen zu erkennen und zu verstehen, werden wir im Leben freiere Entscheidung treffen können. Dann wird aus »unterbewusst« »bewusst« und aus »unter Abneigung« »liebend gern«. Freiwillig werden unsere Entscheidungen stets bleiben, aber der Unterton der Gleichgültigkeit und der Unterwerfung verblasst. Denn wenn Sie bewusster mit Normen umgehen und sich wohl überlegt für oder gegen eine Norm entscheiden, erlangen Sie mehr Kontrolle über Ihr eigenes Leben.

Gleich am Anfang dieses Buches habe ich wohl mehr Probleme, nur den Begriff, die Idee, das Wortkonstrukt „Norm“ aufzudröseln und zu beschreiben, als den Rest

---

* Eine Begrifflichkeit aus Star Wars.

des Buches zu schreiben. Eine bestimmte Vorstellung taucht in jedem Kopf auf, wenn das Wort »Norm« unseren Weg kreuzt. Aber was heißt das schon, wenn wir letztendlich aneinander vorbeireden? Es ist daher meine zentrale Aufgabe, gleich zu Beginn eine gemeinsame Basis des weiteren Diskurses zu schaffen. In der Mathematik lassen sich Brüche nur mit gemeinsamem Nenner addieren. Dies ist stets möglich, egal wie obszön die Zahlen im Nenner und Zähler sind, da wir kein Limit an Zahlen haben, auf die erweitert oder gekürzt werden kann (ob der Wille da ist, sich dieser Rechnerei zu widmen, steht auf einem anderem Blatt Papier). Worte jedoch haben ihre Grenzen. Wir sind sprachlos, finden nicht die richtigen Worte oder sie liegen uns auf der Zunge. Was ich unter einer Norm verstehe, kann sich deutlich davon unterscheiden, was der Trainer in meinem Fitnessstudio unter einer Norm versteht. Eine Psychologieprofessorin und ein Beamter am Schreibtisch einer Stadtverwaltung haben sehr wahrscheinlich ebenfalls unterschiedliche Auffassungen.

So wissenschaftlich herausgearbeitet und beschrieben wie mir möglich, folgen meine Funde. Auf dieser Basis aufbauend werden wir eine Reise unternehmen, die sich mit den verschiedensten Normen unserer Welt auseinandersetzen wird. Zentral sind aber nicht die

Normen an sich (vor allem nicht inhaltlich), sondern die Idee, welche sie verkörpern. Ihren Einfluss auf uns Menschen, wie wir sie verstehen können. Zugrunde legen werde ich stets Fakten*, welche ich unter Einbezug meiner eigenen Meinungen und Erfahrungen ausschweifend explorieren werde. Selbst wenn ich sehr davon überzeugt bin, wissenschaftlich zu arbeiten, ist dies keine wissenschaftliche Arbeit. Ich habe nicht zuerst nach Literatur geschaut, bevor ich meine Meinung festigte. Es gibt keine Fragestellung, die ich hier vorstelle und versuchen werde zu beantworten. Andererseits kann ich versichern, dass ich so objektiv wie möglich arbeite. Es werden sich also keine Aussagen finden, die nur Erik Hagemann hätte schreiben können, sondern alle, die sich mit klarem Verstand, noblen Intentionen und ausgiebigen Gedanken die Mühe gemacht hätten*. Zumindest ist dies mein Anspruch, von dem ich hoffe, ihn erfüllt zu haben. Selbstverständlich sind diese Worte nicht frei von meinen eigenen Verzerrungen. Deshalb will ich gleich zu Beginn zum eigenen Denken, zu eigenverantwortlichen kritischen Überlegungen

* Es ist gleich zu Beginn anzumerken, dass das Wort »Fakten« hier nicht in seiner Absolutheit zu verstehen ist.

* Wobei nicht auszuschließen ist, eine andere Vorstellung von Normen zu haben, wenn man ein von mir komplett konträres Leben gelebt hätte.

motivieren oder viel mehr inständig darum bitten. Es bringt gar nichts, alles Folgende für bare Münze zu nehmen, nur weil es schön ausformuliert in ein Buch verpackt wurde und nicht etwa in einem Tweet steht. Dies ist kein Sachbuch über die menschliche Physiologie oder Quantenmechanik. Es ist ein Versuch, der Wahrheit näher zu kommen. Doch faszinierenderweise addieren sich meine Observationen, die ich wie gesagt so objektiv wie möglich durch meine Augen vornahm, zu meiner persönlichen Wahrheit. Somit konnte ich meinem Puzzle des Lebens ein weiteres Puzzleteil hinzufügen. Ich sehe nun klarer als je zuvor. Auch in der Hoffnung, den Lesenden ebenfalls einen Mehrwert bieten zu können.

Seien Sie offen und kritisch. Machen Sie jedoch nicht den Fehler, während des Lesens mit dem Buch zu diskutieren. Es ist weder dem Autor, dem Inhalt noch sich selbst fair gegenüber, die Worte nicht ausreden zu lassen. Ein Buch ist zum Lesen da, zum Zuhören. Sie werden vielleicht des Öfteren etwas lesen, was gegen Ihre Intuition stößt, aber das Lesen zu unterbrechen und zu denken, dass Sie das nicht so sehen, erweist sich als Bärendienst. Haben Sie ein offenes Ohr und beenden Sie das Buch*, ohne mit ihm diskutiert zu haben. Danach haben Sie reichlich Zeit, dies zu tun.

Obediently Yours

Erik Hagemann

---

* Selbstverständlich können Sie auch nach einem Satz oder einem Kapitel sich mit dem Geschriebenen auseinandersetzen. Aber verwerfen Sie den gelesenen Gedanken nicht gleich, sondern geben Sie ihm die faire Chance, sich über die Strecke des Buches zu entfalten.

Vorwort II

Es ist schwer zu beschreiben, was Sie in diesem Buch erwartet. Einfacher wird es, wenn ich Ihnen einen Eindruck gebe, was Sie nicht zu erwarten brauchen. Im Folgenden lesen Sie keinen Roman, keine Enzyklopädie, keinen Krimi oder etwaige Worte, die in einem Plot und Narrativ eine Erzählung formen. Das Ausschließen der Erzählung führt nicht gleich zum Einschließen der Kategorie des Sachbuches, welches etwa über die menschliche Physiologie berichtet. Dennoch berichtet dieses Buch viel mehr, als es erzählt. Insofern, dass 25% viel mehr sind als 4%. Auch wenn 25% Rabatt oder drei von zwölf Monaten uns mehr oder weniger als recht viel vorkommen, sind sie doch zu weit vom Ganzen entfernt, weswegen dieses Buch nicht wirklich als Bericht aufzufassen ist. Sehen Sie es mir nach, dass ich Ihnen kein genaues Genre nennen kann, keine direkte Schublade parat habe, in die dieses Buch eindeutig zu packen ist. Vielleicht verspüren Sie dadurch sogar eine Art Spannung oder Vorfreude auf das, was folgen wird.

Da das Thema »Normen« für mich nicht erkennbar eindeutig einzuordnen war, wird in den Kapiteln eine akademische Diskussion stattfinden, die diese

Einordung ermöglicht. Doch auch hier muss ich meine Worte abschwächen. Erlangen Sie nicht den Eindruck, dass sich Normen ohne weiteres wie Handlungen in Kategorien wie »gut«, »neutral« und »schlecht« einordnen lassen*. Verstehen Sie es eher als das Einordnen in den Lebenskontext. Bildlich gesprochen ist diese Diskussion die Lampe, die das vage Thema »Normen« aus dem Dunklen ins Helle holt. Stellen Sie sich eine Mind-Map vor, die Ihr Wissen darstellt und verbindet. Wenn Sie nicht gerade noch ein Kind sind, limitieren Sie Ihre Mind-Map nicht auf ein DIN A 3 Blatt. Eher brauchen Sie den Boden einer Turnhalle, eines Fußballfeldes oder des Hamburger Hauptbahnhofs. Je nachdem wie viel Sie wissen und wie groß Sie auf der Karte schreiben. Dazu addieren wir, dass je mehr Sie wissen, Sie umso weniger wissen. Nun zumindest unter diesem Gedankengang:

Ihre Karte hat ein Zentrum und viele Arme. Sie haben potenziell unendlich viel Platz, um Ihre Wissensblöcke zu platzieren. Ihre Mind-Map sei nun nur so groß, wie sie gefüllt ist. Kommt ein völlig neues Stück Wissen dazu, welches sich nicht mit etwas anderem bereits Vorhandenem verbinden lässt, müssen Sie

---

* Wir können Normen in solche Kategorien einordnen. Doch dieses Vorhaben gestaltet sich oft komplexer als die Einordnung von Handlungen in selbige Kategorien.

herauszoomen, einen Schritt zurückgehen. Sie finden oben rechts, abseits Ihres Hauptwissen, im Dunkeln Platz für ein neues Thema: Astrophysik. Allein steht es da und enthält die neu gewonnene Information, dass nach Johannes Kepler die Geschwindelt eines Orbits, durch den Abstand bestimmt wird, der zwischen einem Körper und seinem Schwerezentrum besteht. Je näher dem Schwerezentrum, desto größer die Geschwindigkeit des Körpers, welcher sich im Orbit befindet. Um diesen Wissenspunkt ist nun vieles dunkel. Was genau definiert ein Schwerezentrum? Wer war Kepler? Es ist viel nichts, bis ein anderer Wissenspunkt in Reichweite kommt. Diese Lücke wird Ihnen nun erst durch das neue Wissen bewusst, welches neue vorher ungeahnte Fragen (dunkel) aufwirft. Je mehr Sie wissen, umso weniger wissen Sie. Falls Sie diesen Fakt über Orbits bereits wussten, müssen Sie nicht das Beispiel als solches nehmen, sondern die Idee abstrahieren und ein Themengebiet finden, welches dasselbe Resultat für Ihren individuellen Fall produzieren würde. In abgeschwächter Form verhält es sich mit dem Thema Normen. Denn ich gehe davon aus, dass Sie das ein oder andere über Normen wissen. Auf Ihrer Mind-Map würden wir gewisse Aspekte zu Normen finden. Hätten Sie noch nie von Normen gehört, wie etwa von Fühlwarzen*, würde dieses Buch eine andere Lampe gegen ein anderes dunkel sein.

Normen sind Teil Ihres Lebens. Sie halten also mit diesem Buch ein Licht in der Hand, welches das Potenzial hat, Ihren weiteren Lebensweg heller und klarer zu zeigen. Im Kontext der Normen völlig im Dunklen zu tappen, ist in etwa so, wie Prozente nicht zu verstehen. Ist es möglich, ohne beides zu leben? Ja. Würde ich es einem Freund empfehlen oder wünschen dies zu tun? Nein. Wissen ist Macht. Je mehr wir wissen, je mehr Lampen wir haben, desto erfolgreicher können, werden wir durch das Leben gehen. Erneut muss ich eine Limitation meiner Worte aufzeigen, damit am Ende dieses Vorwortes deutlich ist, wie dieses Buch zu verstehen ist. Die Beschreibung »Diskussion« war für das erste Gefühl, die Idee sehr gut geeignet. Sie haben 80% geschafft.[*] Das Grundgerüst steht. Jetzt kommen die Feinheiten. Sie bemerken hier den akademischen Aspekt des Buches. Beim Abendessen mit Freunden kann ich Dinge sagen, Behauptungen aufstellen, die durch Kontext, Mimik, Gestik sowie durch die lockere Atmosphäre keiner genaueren Erläuterungen bedürfen. In ernsten Beziehungsgesprächen sind schnell daher gesagte Worte nicht zielführend. Die eigenen Ansichten präzise

---

[*] Kleine Erhebungen auf bestimmten Buchstaben einer Tastatur als Hilfe für blinde Menschen.

[*] Eine Schätzung meinerseits.

darzustellen, scheint der richtige Weg zu sein. In der Kneipe kann ich schnell und einfach die Politik oder ein politisches Vorhaben kritisieren. Es bedarf keiner genauen Details. Diskutieren Sie ernsthaft mit jemandem darüber, brauchen Sie mehr als nur Parolen. Sie nennen Beispiele, geben Hintergründe und haben eine durchdachte Argumentationskette. Je seriöser das Setting, desto präziser sollten wir mit unseren Worten und Gedanken umgehen. In den eben genannten Settings passiert meist alles noch mündlich. Kontext, Mimik usw. erlauben mehr oder minder Abweichungen in der Präzision der Worte. Präzision in der Sprache ist genau das, was ich brauche, um in der schriftlichen Kommunikation mit den Lesenden die nicht vorhandene nonverbale Kommunikation auszugleichen. Denn nichts liegt mir ferner, als Ihnen nur eine ungefähre, unpräzise Ausführung meiner Gedanken zum Thema Normen zu liefern. Kontext liefern Ihnen die Vorworte und hier ist noch mehr.

Diskussion ist nicht das präziseste Wort, da es nicht voll umfänglich den Buchinhalt beschreibt*. Von daher bediene ich mich eines weiteren Bildes. Wenn fünf Leute sich um einen Elefanten verteilen, um ihn daraufhin nur per Tastsinn zu beschreiben, dann ist die Erfahrung des Einzelnen nicht suffizient, die Realität

---

* Gibt es überhaupt immer ein perfektes Wort?

abzubilden. Die Geschichte des Sultans, der seine fünf blinden Gelehrten losschickt, damit Sie in Erfahrung bringen, was ein Elefant ist, wird oft als Aufhänger für Diskussionen über Meinungsverschiedenheiten und verschiedene Perspektiven erzählt. Seltener wird in ihrem Kontext die Lösung des Problems der verschiedenen Berichte aufgezeigt. Die Berichte müssen zusammengeführt werden. Um den Kreis zu schließen, ist die Beschreibung dieses Buches als akademische Diskussion nicht der zusammengeführte Bericht aller Gelehrten. Dies sagen lediglich drei Gelehrte. Der vierte Gelehrte sagt, dass dieses Buch an das eigenständige Denken und dies insbesondere im Kontext von Normen appelliert. Der fünfte Gelehrte berichtet von einer Begriffserklärung, welche daraufhin in den Lebenskontext eingebettet wird.

-

Damit habe ich präzise dargestellt, was sich hinter den folgenden Kapiteln verbirgt. Um nun auch inhaltlich etwas vorwegzugreifen, gibt es ein paar Fragen, die Sie gedanklich in das Thema »Normen« führen.

- Entspricht die Aufteilung in Vorwort I und II der Norm?

- Kommt Ihnen das gesamte Vorwort bis jetzt normal oder komisch vor?
- Fällt Vorwort II aus der Reihe?
- Falls ja, ist dies schlimm?
- Sollte jedes Vorwort gleich strukturiert sein und beispielsweise aus nur einem Teil bestehen?
- Falls ja, wer sollte eine solche Struktur vorgeben?

Normen operieren überall in unserem Leben. Sie laden Ihr Smartphone zuhause sowie im Zug und auf der Arbeit über eine genormte Steckdose. Sie haben studiert, weil die meisten Ihrer Freunde ebenfalls diesen Weg wählten. Nach dem Abitur zu studieren war die Norm. Sie sind ihr gefolgt, ohne dies tief im Herzen zu wollen. Normen operieren überall in unserem Leben. Mal zu unserem Vorteil, mal zu unserem Nachteil. Da sie so omnipräsent sind, gibt es wohl unendlich viel über sie zu berichten. Sehen Sie mir es nach, dass ich dies nicht leisten kann. Vielleicht fallen Ihnen Aspekte ein, die in den folgenden Ausführungen nicht zur Sprache kommen. Lassen Sie es mich wissen, damit eine Liste an Aspekten, die noch zu den Ausführungen zu addieren sind oder zumindest in Betracht gezogen werden sollten, in zukünftigen Auflagen Berücksichtigung finden kann.

Bis dahin. Bleiben Sie neugierig.

Erik Hagemann 05.10.2023

Part 1

Normen – Wortherkunft

Das lateinische Wort »norma« bedeutet übersetzt »Winkelmaß« oder »rechter Winkel«. Die Übersetzung verbildlicht lässt im Deutschen die Worte Maßstab, Richtschnur, Regel und Vorschrift oder simpel das Wort *Norm* entstehen. Maßstäbe weisen uns die Richtung, die wir einschlagen sollten. Aber nicht so fixiert, nicht so präzise wie es Regeln und Vorschriften tun. Maßstäbe helfen beim Anpeilen einer Richtung, einer Handlung mit gewissem Spielraum. Dieser Spielraum ist bei einer Regel nicht mehr vorhanden. Ebenso präzise ist die Übersetzung *rechter Winkel*, dieser hat 90 Grad. Punkt. Kein Spielraum, das Wort ist unabdingbar präzise in seiner Aussage. Auch wenn sich die Übersetzungen aus dem Lateinischen leicht unterscheiden, haben sie doch mehr gemeinsam. Im Bild der Geometrie geblieben ist ein rechter Winkel und ein Maßstab, der eine ungefähre Winkelspanne von, sagen wir, 85 bis 95 Grad angibt, zwar nicht als gleich definierbar, aber die beiden gezeichneten Geraden werden näher beieinander liegen als eine willkürlich gezogene Linie mit einem Spielraum von

360 Grad. Erst im Detail wird es wichtig, wie präzise der Winkel gezeichnet bzw. die Norm beschrieben ist. Ob diese eine Richtung, eine Vorgehensweise o.Ä. betrifft, ist aktuell noch nicht klar. Wir können jedoch festhalten, dass Normen etwas festlegen.

Besser bekannt und auch viel häufiger verwenden wir das Wort *Regel.* Von Rechen- und Coronaregeln über regelmäßiges Ausüben einer Tat sind Regeln ein ständiger Begleiter in unserem Alltag. Eine Regel ist »eine aus bestimmten Gesetzmäßigkeiten abgeleitete, aus Erfahrungen und Erkenntnissen gewonnene, in Übereinkunft festgelegte, für einen jeweiligen Bereich als verbindlich geltende Richtlinie«[1]. Essenziell für unser Verständnis des Wortes Regel ist das Wort *verbindlich.* Wir müssen uns an Regeln halten, sie befolgen, damit wir ohne bzw. kaum Konsequenzen zum erwünschten Ergebnis kommen. In der Mathematik gilt verbindlich die Regel Punkt vor Strich. Wer diese missachtet, muss mit den Konsequenzen einer falschen Lösung leben. Anders als Punkt vor Strich sind manche Regeln per Gesetz erlassen und rechtlich bindend, sodass härtere Konsequenzen zu erwarten sind als die falsche Lösung einer trivialen Matheaufgabe.

Betrachten wir den Begriff *Vorschrift* nun genauer, um einen Schritt näher an unser Ziel einer nützlichen Definition der Norm zu kommen. Bei einer Vorschrift handelt es sich um »eine Anweisung, deren Befolgung erwartet wird und die ein bestimmtes Verhalten oder Handeln fordert«[2]. Der Duden lockert hier schon die Verbindlichkeit, da die Befolgung nur noch erwartet wird und nicht wie bei der Regel verbindlich ist. Aber Dienstvorschriften bei der Polizei oder einer Stadtverwaltung werden stets verbindlich eingehalten, auch wenn dies nur erwartet wird. Und dennoch fordert es »bestimmtes Verhalten oder Handeln«. Nun haben Sie ebenso wie ich das intuitive Wissen, dass Normen nicht zu den am häufigsten verwendeten Worten des Alltags gehören. Ohne großes Überlegen pflichten Sie mir bestimmt bei, wenn ich das Wort *normal* viel weiter oben auf der Liste sehe als das vorher Genannte. Wenn etwas normal ist, dann ist es der Standard, der Status quo, das Erwartbare. Nun ist es schwer herauszufinden, ab wann das Normale eintritt. Denn die Spannweite dieses Begriffes ist enorm.

Für Wasserstoff ist es normal, nur ein Proton zu besitzen. Eine Kuh ist normalerweise was? Braun? Oder grau oder doch schwarz-weiß gefleckt? Ein normales Zebra hat Streifen, was so viel bedeutet wie jedes Zebra ist gestreift, außer es liegt ein genetischer

Defekt vor. Nun gibt es keinen Spielraum, wenn es um chemische Elemente geht. »Normalerweise hat Wasserstoff nur ein Proton, aber dieses Wasserstoffatom zufällig nicht«. Dieser Satz wird niemals fallen. Es gibt keine Ausnahmen. Das Kuh-Beispiel verläuft zu extrem in die andere Richtung. Es gibt eine zu große Verteilung der verschiedenen Ausprägungen des Merkmals Farbe (zumindest ohne dabei eine intensive Literaturrecherche betrieben zu haben, inwieweit die Farbverteilung der Kuh variiert). Für die Verwendung des Wortes normal braucht es eine substanzielle Mehrheit, aber stets die Option der Ausnahme. Eine Quote, anhand der wir erkennen können, dass Normalzustand herrscht. Das Beispiel des Wasserstoffs hat uns gezeigt, dass es Phänomene gibt, die keine Ausnahme zulassen*. Eine 100% Quote (10 von 10) in Sachen »ein Proton in Wasserstoff« ist normal, aber ist für unsere Zwecke nicht zielführend, da in diesem Kontext das Wort normal/normalerweise nicht fällt. So eindeutig diese Sachlage ist, desto uneindeutiger ist die Frage nach der Farbe einer Kuh. Sie ist viel zu vage, um damit arbeiten zu können und wie bereits ausgeführt, gibt es zu viele Antworten. Für

*Es ist schlichtweg nicht möglich für Wasserstoff mehr oder weniger als ein Proton zu besitzen (belassen wir es bei dieser einfachen Sprache). Ändert sich die Protonenanzahl, ändert sich das Element, welches wir dann nicht mehr Wasserstoff nennen.

die Idee der Norm müssen wir an Dinge denken, auf die es in den meisten Fällen eine korrekte Antwort gibt. Nicht mehrere potenziell richtige und auch nicht nur eine absolute Antwort. Die exakte Quote ist zwar wichtig, aber nicht kriegsentscheidend. Die Speerspitze ist die eben ausgeführte Idee. Daher setzte ich die Quote, auf der sich normale Phänomene absetzen, auf sieben bis neun von zehn. Halten Sie sich diese Quote vor Augen, wenn Sie folgende Sätze lesen:

Ein Hausdach ist meist/normalerweise mit Ziegeln bedeckt.

Ein Bilderrahmen, ein Bett ist meist/normalerweise rechteckig.

Ein Tisch hat normalerweise/meist vier Beine.

Schuhe haben normalerweise/meist Schnürsenkel.

Nun kann es sehr gut sein, dass in Ihren Vorstellungen meine gesetzte Quote gut zutrifft. Einen Ausschlag um einen Quotenpunkt nach oben oder unten ist je nach persönlicher Erfahrung ebenfalls möglich. Doch nie fällt sie unter 6/10 oder auf 10/10. Denn sonst würden wir uns wieder in den Sphären des Wasserstoffs (10 von 10 Wasserstoffatomen besitzen je ein Proton bzw. der Kuh (4 von 10 Kühen sind braun, 3 von 10 Kühen sind schwarz-weiß gefleckt, 3 von 10 Kühen sind grau*) befinden. Diese Normen, sozusagen die Phänomene*, die meine etablierte Quote innehalten, können auch gesellschaftlicher Natur sein. Auch Verhaltensweisen können normenbasiert auftreten:

Ein Kind beginnt nach der Schule meist/normalerweise eine Ausbildung oder Studium.

Menschen färben sich normalerweise/meist nicht die Haare mit einer bunten Farbe, wie grün oder pink.

Diese Ausführung ist von zentraler Rolle, wenn es später um die ausgeschriebene Definition einer Norm geht. Sie ist nicht von wissenschaftlicher Natur, sondern eher eine des Verstandes eines Denkers meines Formats (was auch immer dies im Detail heißen mag). Aus meiner Sicht ist es eine objektive und gut durchdachte Art und Weise, sich dem abstrakten Thema der Normen mit Respekt und Scharfsinn zu nähern, um keinen kapitalen Fehler zu machen, welcher das gesamte Unterfangen hinfällig machen würde.

-

* Eine vereinfachte Darstellung.
* mangels eines besseren Wortes.

Bitte behalten Sie Folgendes grundsätzlich im Hinterkopf: Wo Wörter ihren Ursprung haben, wie sie im Duden definiert sind, welche Synonyme wir für sie gefunden, haben machen das Wort nicht zu dem, was es ist. Ebenso wichtig für die Bedeutung und somit Verwendung eines Wortes ist, welche Bedeutung, welchen Inhalt der Kulturkreis dem Wort zu spricht. Dieser Kulturkreis kann aus der eigenen kleinen Freundesgruppe, einer Region oder einer Gesellschaft bestehen. Der Kulturkreis der Jugend verwendet das Wort *safe** nicht wie die Erwachsenen als einen sicheren Aufbewahrungsort für Wertgegenstände, sondern als Synonym für sicher, auf jeden Fall. In den verschiedensten Regionen Deutschlands muss immer bedacht werden, ob das Brötchen beim Bäcker nun Semmel, Schrippe oder doch Weck heißt. Ebenso wichtig ist wie immer der Kontext, in dem wir uns bewegen. Aus dem Kontext gerissene Satzfetzen haben schon einige Probleme verursacht, die erst nach ausführlicher Erklärung des Kontextes gelöst werden konnten. Einen Spoiler kann ich am hinteren Teil eines Autos, sowie beim Betreten des Kinosaals erleben. Reden wir also über Autos oder die neueste Kinosensation? Der etablierte Kontext ermöglicht ein reibungsloses Gespräch über das vorherrschende

* Erstmals 2021 in der Liste der wichtigsten Wörter der Jugendsprache aufgenommen worden.

Thema, ohne unnötige Konfusionen aufleben zu lassen, die nicht zielführend sind.

Damit hoffe ich, den insgesamten Kontext ausführlich genug beleuchtet zu haben. Und falls nicht, liegt es in der Natur eines Buches, nur eine einzige Möglichkeit zu bieten, nicht Verstandenes aufzuholen: Sie müssen es nochmal lesen.

Eins

Normen – Definition

»Eine Norm bezeichnet einen Umstand, eine Verhaltens- oder Denkweise oder eine Vorgabe, die weltweit, national oder gesellschaftlich von der Mehrheit der Menschen als der Standard, der Status quo, als das Business as usal, als normal angesehen wird und diese Mehrheit sich eben dieser Norm fügt bzw. diese lebt.«

Normen können offen ausgesprochen und der Öffentlichkeit transparent zugänglich sein. Wichtig ist, dass diese Normen gelten, öffentlich oder nicht. Das müssen sie auch, per Definition, denn wenn Menschen in den meisten Arealen ihres Lebens nicht wissen, welcher Umstand, Verhaltensweise oder Vorgabe sie befolgen sollen, würde dies zu einem großen Chaos führen. Normen sind die extreme Ordnung, die dem extremen Chaos Einhalt gebieten und somit Balance in unsere Welt bringen. Öffentliche Normen werden in fast allen Fällen (ich möchte hier lediglich das absolute Wort *immer* vermeiden) nicht nur von der Mehrheit, sondern von allen Menschen befolgt, für die diese Normen gelten. In den Vereinigten Staaten verwenden die Menschen Fahrenheit, um Temperaturen zu messen. Dieser Umstand ist gängige Praxis, wird von den Amerikanern als normal angesehen und sie fügen sich der Norm, indem sie Fahrenheit benutzen und Temperaturen nicht etwa in Celsius oder Kelvin angeben. Es ist die Norm, so ist es eben in den USA. Hier in Deutschland ist es normal, in Grad Celsius Temperaturen zu messen. Anderes Hoheitsgebiet, selbes Prinzip. Diese öffentlichen Normen wurden festgelegt, damit sich anderen Problemen gewidmet werden kann. Wären Schrauben nicht genormt, könnte jedes Unternehmen, welches Schrauben herstellt, ein anderes Gewinde in seine Produkte einarbeiten. Ich könnte nicht sorglos irgendeine Schraube mit irgendeiner Mutter vermählen, sondern ich müsste genau darauf achten, dass alles von derselben Firma ist, damit mein Vorhaben funktionieren kann. Selbes könnte für Diesel gelten, welcher bei Tankstelle A anders zusammengesetzt wäre als bei Tankstelle B, mein Auto aber Diesel im Mischverhältnis X benötigen würde, was nur bei Tankstelle C zu kaufen wäre. Öffentliche Normen sind oft so alltäglich, dass wir sie nicht als Norm wahrnehmen. Nicht öffentliche Normen werden von den meisten Menschen unterbewusst befolgt, ohne eine klare Vorstellung davon, dass dies eine Norm ist, sondern sie machen es einfach. Sie sind entweder intuitiv, über die Erziehung ins Leben getreten, erlernt durch die Peergroup oder Gesellschaft. Extrem viel lernt der Mensch durch simples Nachahmen. Aber sie sind eben nicht als öffentlich ausgeschrieben. An keiner Rolltreppe steht »rechts stehen, links gehen« geschrieben (nicht öffentlich). Die Zusammensetzung von Dieselkraftstoffen unter der Bezeichnung »EN 590« (öffentlich, auch wenn es ein extremes Beispiel ist).

Nun erinnern Sie sich vielleicht an die von mir gesetzte, für Normen geltende Quote und wundern sich, inwiefern die Diesel-Norm diese Quote erfüllt. Schließlich erlaubt die Norm keine Abweichung, denn der Diesel ist immer gleich zusammengesetzt (10/10). Ihre Schlussfolgerung ist korrekt. Diese Diskrepanz lässt sich nur durch eine weitere, noch nicht erklärte Eigenschaft der Normen erklären. Der Hoheitsgebiete. Dieses Wort ist bereits gefallen und ist ein wichtiger Bestandteil des Konzepts der Normen. Es kommt immer darauf an, aus welchem Blickwinkel wir eine Norm betrachten. Und damit meine ich nicht den Blickwinkel von rechts oder links, sondern eher den Blickwinkel von oben oder unten. Die Frage ist nämlich, wie nah wir an das Geschehen heranzoomen.

Aus deutscher Sicht ist die Diesel-Norm weniger Norm und vielmehr Gesetz. Doch was geschieht, wenn wir in den weltweiten Kontext übergehen? Dann stellen wir fest, dass nicht immer die exakt gleiche Zusammensetzung von Diesel vorherrscht. Befreit von der Diskrepanz von genormten Schrauben und Kraftfahrstoffen im deutschen Hoheitsgebiet sind wir dadurch aber nicht. Vielleicht ist die von mir aufgeführte Definition nicht gut genug, um alle Normen zu erklären. Die öffentlichen Normen, wie etwa Sprache und die nicht-öffentlichen Normen, wie Bitte und Danke sagen, lassen sich unter dieser Definition verstehen. Die drei Newtonschen Gesetze waren nicht gut genug, alle gravitationsbedingten Phänomene zu erklären. Erst durch Albert Einstein haben wir die Gravitation im Kontext hoher Massen und hoher Geschwindigkeiten verstanden. Newton lag also nicht falsch, es hat nur ein „größeres" Verständnis gebraucht. Ich bin sozusagen Newton, der auf seinen Einstein wartet. Doch es ist genau dieses Hinterfragen und kritische Denken, was uns der Wahrheit näherkommen lässt.

In unserer Kultur ist es die Norm, sich bei der Begrüßung die Hand zu geben o.Ä. Manchmal müssen wir auch heranzoomen, um ein Hoheitsgebiet zu erkennen. Denn es mag in Freundesgruppen die Norm geben, sich zur Begrüßung eine Kopfnuss zu verpassen. Achten Sie also darauf und seien sie aufmerksam, wenn Sie weiterlesen.

Zwei

Normen – Beispiele und ein Exkurs für das Gefühl

Öffentliche Normen:

- DIN – Normen bei Papier, Schrauben
- Sprachen
- Maßangaben wie Temperaturen, Gewichte, Distanzen

Nicht öffentliche Normen:

- Bitte und Danke sagen
- Ein Händedruck bei Vorstellungen oder Begrüßung
- Sonnenbrille in Innenräumen ausziehen

Als grobe Daumenregel kann sich vorgestellt werden, dass alles, was wir gemeinsam mit anderen als *normal* bezeichnen, sich in den Köpfen als Norm manifestiert hat. Dazu gehören Haarfrisuren, der Kleidungsstil, sowie das Alter, in dem normalerweise geheiratet wird.

Und genau hier kommt die Unterscheidung zwischen der Norm und der Regel. Das Einbauen von DIN-Normen in Gesetzen ist hierbei die Regel bestätigende Ausnahme. Denn eine Norm zu missachten hat (außerhalb der Ausnahmen) keine rechtlichen Konsequenzen. Keiner ruft die Polizei, weil ich morgens im Bäckerladen nicht »Guten Morgen« gesagt habe, mich wie in den 80ern kleide oder erst später als die gesellschaftliche Norm es verlangt, heirate. Es sind vielmehr die gesellschaftlichen Konsequenzen, die bei einer Normmissachtung zum Tragen kommen. Diese reichen von schiefen Blicken, Lästereien bis hin zum Ausschluss aus einer gesellschaftlichen Gruppe. So können etwa gesellschaftliche Gruppen entstehen, die ihre eigenen Normen einführen und leben.

Ob nun bewusst oder unterbewusst, befolgen die meisten Menschen die meisten Normen. Wahrscheinlich werden einige Normen von allen Menschen befolgt und einige Menschen halten sich an alle Normen. Aber es gibt auch Menschen, die nur die nötigsten Normen befolgen, wie Kleidung in der Öffentlichkeit tragen. Dafür rauchen sie schon mit 13 und hören über eine Musikbox im Zug laut Musik. Je mehr Normen ein Mensch befolgt, desto weiter weg bewegt er sich vom Leben eines Rebellen oder Pioniers. Der Spießbürger[*], dem die Normen der

Gesellschaft heilig sind, verschwindet in der Masse. Wie gesagt, die meisten Menschen befolgen die meisten Normen. Der Mensch wird zum Individuum durch seine individuelle Normenvorstellung*. In den verschiedensten Punkten stechen die verschiedensten Individuen aus der Masse hinaus, indem sie bestimmten Normen keine Folge leisten. Interessant wird es dann, wenn sich diese Individuen finden und ihre Einzigartigkeit der neue Standard innerhalb ihrer neu geformten Gruppe wird. Das kollektive Nicht-Befolgen einer Norm wird die neue Norm im Hoheitsgebiet dieser Gruppe. Es ist aber nur eine Norm für diese Gruppe und nicht mit der Norm im klassischen Sinne zu verwechseln, die, meist auf gesellschaftlicher Ebene, die Mehrheit hinter sich hat. Auf der Mikroebene entsteht so die kleine Gruppe an Rauchenden eines Jahrgangs, die sich immer in der Pause treffen. Auf der Makroebene entstehen beispielsweise politische Parteien, die sich durch ihre Denk- und Verhaltensweisen definieren und gleichzeitig unterscheiden.

---

* Hier nicht falsch verstehen und neutral einstufen. Der Begriff *Spießbürger* fällt lediglich als Kontrast zum davor genannten *Pionier*. Es ist keinerlei Wertung den Menschen gegenüber, die Normen rigoros befolgen bzw. denen, die sie gekonnt ignorieren.

* Es spielen sehr viele Faktoren eine Rolle. Die persönliche Normvorstellung gehört dazu.

Normen umgeben uns also allgegenwärtig. Sie sind eher Bestandteil als Baustein einer Gesellschaft, obwohl durchaus argumentiert werden kann, dass eine Gesellschaft daraus besteht, wie ihre Menschen denken und handeln. Ich denke aber, dass unsere Gesellschaft keine Normen als Fundament darlegt, wie es beispielsweise bei Moralvorstellungen der Fall ist. Normen entstehen eher aus Moralvorstellungen. Moralvorstellungen, die uns zwischen richtig und falsch urteilen lassen, geben uns die Möglichkeit, als Individuen in einer Gesellschaft zusammenzukommen. Nun ist es so, dass die meisten Menschen sich an die Moralvorstellungen der Gesellschaft halten und ihr Handeln danach ausrichten, diese Vorstellungen nicht zu verletzen. Gleichsam kann ich argumentieren, dass Menschen sich einer Norm fügen, da zum einen der Weg der vielen kein schlechter ist und zum anderen, da Menschen nicht gerne auf der anderen Seite der Norm als Außenseiter dastehen möchten. Wo genau liegt also der Unterschied unserer moralischen Werte und den Normen, denen wir folgen?

Denn um eine Norm zu werden, muss die Mehrheit der Menschen den Umstand, die Verhaltens- oder Denkweise oder die Vorgabe als normal ansehen. Als Menschenfreund gehe ich darauf aufbauend aus, dass wir nur Dinge als normal ansehen und sie im eigenen

Leben umsetzen, wenn diese Dinge für uns als richtig gelten. Andernfalls würde jeder klar denkende Mensch die Norm ablehnen. Gibt es also überhaupt einen Unterschied zwischen dem Verstoß gegen einer unserer Moralvorstellungen und dem Nicht-Befolgen einer Norm? Wo ist der Unterschied zwischen dem Verzehr eines tot auf der Straße gefundenen Eichhörnchens und der Wahl eines nicht der Norm entsprechenden Lebensweges? Das eine löst in mir mehr Abscheu aus als das andere. Einen Unterschied muss es also doch geben, auch wenn dieses Beispiel obszön und nicht vergleichbar erscheint, ist genau dies der Grund für die Differenzierung. Ich habe bereits erwähnt, dass es bei einer Normmissachtung vor allem zu gesellschaftlichen Konsequenzen kommt. Ein totes Eichhörnchen auf der Straße aufzulesen und es zu verzehren, würde mit Sicherheit gesellschaftliche Konsequenzen nach sich ziehen*. Es ist nun zu erwähnen, dass natürlich nicht jede Konsequenz gleich gestrickt ist und mit der gleichen Härte zuschlägt. Dazu kommt als ausschlaggegebener Punkt der Umstand, dass Normvorstellungen zu einem Thema innerhalb einer

*Ich bin mir ziemlich sicher, dass meine Freunde anders von mir denken würden, wenn ich ihnen erzählen würde, ich hätte ein auf der Straße gefundenes totes Eichhörnchen gehäutet, gekocht und gegessen. Würden sie noch mit mir befreundet sein wollen, wenn sie erfahren, was für ein Mensch ich bin, ein Mensch, der totgefahrene Eichhörnchen ist?

Gesellschaft mehre Formen annehmen kann. In Deutschland ist es die Norm, einen Schulabschluss zu machen, sich ausbilden zu lassen (egal ob Ausbildung oder Studium) und als Angestellter einen Job zu akquirieren. Diese im großen Kontext geltende Dachnorm wird unter sich ein paar differenzierte Gruppierungen haben. Studierende, Hauptschülerinnen und finanziell privilegierte Menschen möchte ich als Beispielsgruppen nennen, die eventuell eine andere Norm für ihren Lebensweg definieren als die große grundsätzliche Norm der deutschen Gesellschaft.

Die ganze Prämisse dieses Buches, auf welche wir unser Hauptaugenmerk legen werden, ist der Punkt, dass es bei den Normen per se kein richtig oder falsch gibt, wie wir es beispielsweise von den Moralvorstellungen kennen. Wir sind uns einig, dass die Eichhörnchen-Geschichte sich irgendwie falsch anfühlt. Wir können es wahrscheinlich nicht perfekt ausformulieren, denn wie wir dank Jonathan Haidt wissen, kommt bei der Moral »intuition first, reasoning second«[3]. Aber es bedarf auch keiner ausführlichen Begründung, denn die Antwort lautet: Ja, es ist falsch dieses Eichhörnchen zu essen. Oder ist es das? Wieso sollte es falsch sein? Wir essen doch in unserer Gesellschaft ständig tote Tiere. Wir züchten sie sogar extra, um sie dann zu töten. Dies ist doch viel schlimmer als einem auf der Straße verunglücktem Tier noch einen Zweck zu geben, oder? Es ist leider nur auf den allerersten Blick einfach, zwischen richtig und falsch zu unterscheiden. In unserer Ignoranz gehen wir stets von unserem Blickwinkel aus, was sich in vielen Situationen als vorteilhaft erweist, aber anderen Menschen gegenüber nicht immer fair ist. In anderen Gesellschaften gibt es andere bzw. weitere Kriterien der Moral. Auch Persönlichkeiten bzw. Menschen verschiedener politischen Auffassungen haben unterschiedliche Prioritäten in ihrer Moralvorstellung[*]. Nur sehr selten werden wir in unserer Welt absolute Wahrheiten finden. Die Wahrheit, ob nun richtig oder falsch, ohne jeglichen Interpretationsspielraum, gibt es beispielsweise in Gleichungen der Mathematik[*]. Interpretation ist das passende Stichwort, denn es ist abhängig von bestimmten Faktoren, ob etwas richtig oder falsch ist. Vielleicht ist es in dieser Sache zuträglicher, von besser und schlechter zu sprechen (auch dieser Vorschlag hat seine Schwächen). Ist es richtig, jemand anderem ins Gesicht zu schlagen? Nun, es kommt drauf an. Ist es besser, es nicht zu tun?

---

[*] »The Rightous Mind. Why good people are divided by religion and politics« von Jonathan Haidt (2012) geht hier in grandiosem Detail darauf ein. Es ist ein Buch, welches ich nicht oft genug empfehlen kann.

[*] 2+2=4. Hier kann kein großer Philosoph oder noch so wortgewandter Mensch Argumentationsansätze finden, dem zu widersprechen.

Wahrscheinlich. Aber wer kann mit gewisser Ernsthaftigkeit behaupten, dass das Wählen eines bestimmten Lebenswegs falsch ist, nur weil dieser nicht der Norm entspricht? Es ist wohl grundsätzlich besser, einen bereits etablierten Lebensweg einzuschlagen, da dieser nicht im Nebel liegt und vorhersehbar ist (wenn wir davon ausgehen, dass Menschen grundsätzlich lieber auf Nummer sicher gehen). Viele Menschen sind diesen etablierten Weg gegangen, viele davon klüger als wir selbst. Doch wenn jeder Mensch nur den Weg geht, der immer gegangen wurde, würde nur das entdeckt werden, was bereits entdeckt wurde. Die Welt würde in Stillstand geraten. Balance ist der Schlüssel, der Ordnung und Chaos* im Zaum hält.

Vielleicht warten Sie hier noch auf die Beantwortung der Frage, ob nun Moral- und Normvorstellungen gleichzusetzen sind. Nun, sie wird hier nicht folgen. Dies ist keine »Was ist zwei plus zwei?« Frage. Sie muss ausführlich diskutiert werden. Dafür haben Sie nun den Anstoß erhalten, der Rest liegt in Ihren Händen.

---

* Die fundamentalen Konzepte von Ordnung und Chaos werden in den Büchern »12 Rules For Life: Ordnung und Struktur in einer chaotischen Welt« und »Beyond Order – Jenseits der Ordnung« von Jordan B. Peterson ergründet. Auf Ordnung und Chaos wird im späteren Verlauf genauer eingegangen.

Drei

Normen – Ein Wort mit vielen Gesichtern

Es ist nicht leicht für mich zu erklären, dass ich in gewisser Weise zweisprachig aufgewachsen bin. Denn faktisch gesehen bin ich es nicht. Dennoch verspüre ich eine tiefe Verbundenheit zur englischen Sprache. Zwar bin ich nicht in meinem Elternhaus mit ihr aufgewachsen, aber meine persönliche Entwicklung (isoliert betrachtet) fruchtet auch aus Einflüssen, die in Englisch auf mich einprasselten und auch heute noch präsent sind: YouTube, Serien, Podcasts, Hörbücher sowie Bücher und Musik sind Medien, die ich nicht nur auf Deutsch konsumiere und konsumiert habe. Mein erstes Buch habe ich auf Englisch verfasst, einfach, weil mir diese Sprache besser geeignet schien, mein Inneres auf Papier zu bringen. Wir benutzen in unserem Alltag viele englische Begriffe, die deutsche ersetzen, weil sie eher zum Ausdruck bringen, was wir meinen. Einige Fakten, Ideen und Konzepte habe ich auf Englisch gelernt und auch sozusagen englisch verstanden und abgespeichert. Dies wird dann zum Problem, wenn ich sie auf Deutsch erklären möchte. Mein Verstand hat das Thema durchdrungen, aber mir fehlen dann tatsächlich die Worte. Dasselbe gilt für manche englische Vokabel, die ich im englischen Kontext lernte und nicht über eine Übersetzung aus dem Deutschen. Dies macht es extrem schwer, ein passendes deutsches Wort zu finden.

Ein ähnliches Problem unterliegt der Thematik der passgenauen Definition der Norm. Denn es ist nicht so, dass wir nicht wüssten, was gemeint ist. Wir wissen so ziemlich bei jedem Wort, was damit gemeint ist. Oder viel mehr wissen wir, was nicht gemeint ist. Wir haben eine Vorstellung davon, was eine Computermaus oder eine Armbanduhr ist. Sie ist präzise genug, diese Gegenstände zu erkennen und sie grob beschreiben (definieren) zu können. Eine Computermaus ist mit meinem Computer entweder per Kabel oder kabellos verbunden und lässt mich auf der Benutzeroberfläche den Cursor bewegen, sodass ich Anwendungen per Klick auswählen kann. Diese Beschreibung ist recht vage und dennoch spiegelt sie meine Idee der PC-Maus wider. Und das faszinierende ist – sie reicht völlig aus. Im Gehäuse meiner Armbanduhr läuft ein Uhrwerk, welches dafür sorgt, dass der Stundenzeiger genau eine Stunde benötigt, um sich von Uhrzeit zu Uhrzeit zu drehen. Für den Minutenzeiger gilt das Gleiche, nur im Minutentakt. Erneut eine unpräzise Beschreibung der komplexen Vorgänge, die nicht nur in der Maus oder der Uhr vor sich gehen. Von den wenigsten Dingen in unserem Leben haben wir eine präzise und korrekte Vorstellung, wie sie tatsächlich funktionieren. Doch dies ist auch nicht weiter schlimm. Auf der einen Seite sind die meisten Vorgänge extrem komplex. Menschen verbringen ihr ganzes Leben damit, eine Sache, seien es beispielsweise Autos, allumfassend zu durchsteigen. Auf der anderen Seite ist es völlig ausreichend, die meisten Sachen in ihren Grundzügen verstanden zu haben. Außerdem arbeiten wir mit Negativdefinitionen. Ich weiß nicht präzise, was eine PC-Maus ist. Ich weiß aber ziemlich genau, was sie alles nicht ist – nichts zu essen, kein Tier usw.

All diese Gedanken bringen mich zu dem Schluss, dass selbst wenn wir eine Definition der Normen etabliert haben, gibt es etwas in uns, was verhindert, perfekt mit ihr umzugehen. Wir sind es nicht gewohnt, mit einer präzisen Beschreibung zu arbeiten*. Deshalb wird das Wort »Norm« mit all seinen grammatikalischen Variationen inflationär genutzt werden, egal wie sehr

* Wir haben bereits erörtert, dass auch das die Definition ist, die nicht perfekt ist.

ich darauf geachtet habe, präzise zu arbeiten. Aber zu einem präzisen und objektiven Arbeiten gehört eben auch diese Einschätzung dazu. Nichtsdestotrotz hindert uns nichts davon, uns mit der Thematik der Norm zu beschäftigen und ihre Natur besser zu durchdringen. Doch bevor dieses Unterfangen gestartet werden kann, bedarf es weiterer Ausführungen, die die Begrifflichkeiten aus ihrem Nebel befreien.

Normen sind real. Nicht real im materiellen Sinne, eher so wie Gravitation, nicht sichtbar und dennoch wahrhaftig. Gleichzeitig kann eine Norm in unserem Kopf existieren, ohne dabei tatsächlich in der echten Welt zu existieren. Nur weil es in der Welt echten Betrug gibt, heißt das nicht, dass ich mir nicht nur einbilden kann, dass auch ich betrogen werde. Öffentliche Normen sind die Art von Normen, die tatsächlich praktisch angewandt werden. Auch nicht öffentliche Normen finden sich in der Welt wieder. Dies bedeutet, dass wir messen bzw. spüren können, dass diese Normen existieren. Die meisten Menschen begrüßen sich beim Bäcker oder auf der Arbeit mit einem »Guten Morgen« o.Ä. Die meisten Menschen stehen rechts auf der Rolltreppe und gehen links vorbei. Die Mehrheit der Menschen übt eine bestimmte Verhaltensweise aus, ein bestimmter Umstand wird von der Mehrheit als Standard angesehen und eine bestimmte Denkweise wird von den meisten an den Tag gelegt. Dies haben wir als Norm definiert. Aber es bedarf keiner groß ausgelegten Studie mit einer suffizienten Stichprobe und einem kontrollierten Rahmen, um dies herauszufinden. Ergebnisoffene bewusste Beobachtungen reichen aus, um zu erkennen, wie Normen sich in der Welt manifestieren*. Nun dürfen wir nicht verkennen, dass wir einen verzerrten Blick auf die Welt haben. Es kann also sehr gut der Fall sein, dass wir überzeugt davon sind, eine Norm existiere, wenngleich sie es nicht tut. Eine sogenannte Normvorstellung setzt sich in unserem Kopf fest, ohne belastbare Beweise dafür, dass es nicht nur eine Vorstellung sein könnte. Beispielsweise übertragen wir die Normen, die wir aus unserem familiären Umfeld kennen, in dem wir aufgewachsen sind und welches für eine lange Zeit unsere ganze Welt war, in die weitaus vielfältigere Welt außerhalb der Familie. Wir meinen, dass sich die Familie auf den Rest der Welt übersetzen lässt*. Ein Kind wächst im Umfeld seiner Familie auf und lernt über sie die Welt kennen. Die Familie ist die ganze Welt. Nehmen Sie jetzt jede mögliche

---

* Auch in mir sträubt sich die Wissenschaftlichkeit. Aber wir müssen erkennen, dass es hier nicht die Präzision einer randomisierten kontrollierten Studie bedarf. Wir testen hier keine Medikamente. Wir wollen der Wahrheit näherkommen und immer mehr Nuancen mitbedenken.

* Wahrscheinlich meinen wir es nicht nur, wir machen es einfach ohne großartig darüber nachzudenken.

Verhaltensweise, die eine Standardpraxis in einer Familie sein kann. Vor jedem gemeinsamen Essen kann eine Familie beispielsweise beten. Auch das gemeinsame Essen an sich kann eine familienindividuelle Norm sein. Es wird zur Norm im Verstand des Kindes, ohne dabei je mit dem Gegenteil konfrontiert zu werden. Es kann die Norm sein, nichts anderes als Kritik zu erleben oder gegenteilig nur positives Feedback zu erhalten. Kinder können zu sehr beschützt oder zu wenig beschützt aufwachsen. Sie können in ihrem Verstand Ermutigungen oder Entmutigungen als Norm aufnehmen.

Problem dabei ist die Schwierigkeit, herauszufinden, ob es sich lediglich um eine Normvorstellung oder um eine wahrhafte Norm handelt*. Zuerst muss grundlegend erkannt werden, dass das Potenzial einer Normvorstellung besteht und der Mensch selbst fehlbar ist. Dieses Hinterfragen ist ein zentraler Aspekt, wenn es um die Arbeit mit Normen geht. Ein guter Weg dieses Unterfangen zu betreiben, ist über Gespräche und Diskussionen mit anderen Menschen. Je mehr Menschen eine Normvorstellung teilen, desto

* Woher kann man wissen, ob eine Norm nur für einen selbst oder auch für den Rest der Menschen echt ist? Die ehrliche Antwort lautet: Man kann es nicht hundertprozentig wissen. Aber allein sich immer wieder diese Frage zu stellen und Diskussionen zu führen und ernsthaft nachdenken, helfen nicht komplett blind in der Welt der Normen zu wandeln.

wahrscheinlicher ist die echte Existenz dieser Norm, auch außerhalb der Köpfe der Menschen. Genau so eine Diskussion führen wir in diesem Buch. Hüten Sie sich davor, hier die einzige Wahrheit zu suchen oder meinen gefunden zu haben.

Part 2

Hat jemand Ordnung bestellt?

In diesem Teil des Buches werden wir uns die Geschichte der Normen und ihren Einfluss auf den Verlauf des Lebens der Menschen auf dem Planeten Erde genau anschauen. Den historischen Kontext zu kennen hilft uns, in der Gegenwart mit umfassenden Blick Dinge zu bewerten und einzuordnen. Wir werden Normen noch besser kennenlernen und verstehen, was sie wollen, welche Intention sie haben. Denn eine Regel muss erst bekannt sein, damit sie mit gutem Gewissen und vollem Bewusstsein gebrochen werden darf. Nur diejenigen, die wissen, dass zu einem schwarzen Ledergürtel schwarze Lederschuhe oder zu braunen Lederschuhen einen brauen Ledergürtel getragen werden muss und sich bewusst dagegen entscheiden, begehen in den Augen des respektablen Modekenners keine Modesünde. Jemand, der sich jedoch nicht mit Mode befasst, erscheint in den Augen eines Modekenners als nicht respektable Person, welche sich nicht die Mühe machte, sich ein paar Moderegeln anzueignen. »Ahnungslose« sind ohne

Hintergrundwissen argumentationsunfähig, während ein Modekenner nicht in Erklärungsnot gerät, wenn er sich aktiv gegen eine Moderegel entscheidet. Eine Entscheidung oder Meinung auf Wissen, Erfahrungen und tiefe Überlegungen zu basieren, ist eine Entscheidung, die Respekt verdient. Genau danach streben wir im Kontext der Normen. Schnell etwas nachzuplappern, ohne auch nur ansatzweise mit dem Hinterfragen angefangen zu haben, ist eine Entscheidung, die nicht nur keinen Respekt verdient, sondern für kaum etwas gut ist. Respektable Menschen respektieren nur Menschen, die sich den Respekt verdienen. Und von einer nicht respektablen Person respektiert zu werden, ist wie von einer faulen Person Komplimente über die eigenen Ambitionen zu erhalten. Da wir hier eine Beurteilung bzw. eine Analyse von Normen vornehmen und sie diskutieren werden, ist es notwendig, die Arbeit in Form dieses Parts zu erledigen, damit das Urteil fair und auf einer stabilen Basis gefällt werden kann.

Gleich zu Beginn ist es aber von mindestens ebenso großer Wichtigkeit zu beschreiben, was wir unter dem Normen-Brechen konzeptionell zu verstehen haben. Denn eine Norm darf gebrochen, aber genauso gut auch befolgt werden. Wie wir im späteren Lauf noch genauer klären werden, ist es so, dass die meisten Menschen die meisten Normen befolgen. Unsere Gesellschaft unterliegt (vielleicht aufgrund dessen) einer gewissen Moral und Ethik. Die Normen sorgen für Ordnung. Jeder weiß, was zu tun ist, das gilt für das eigene Leben und für das Leben anderer Menschen und damit auch für all unsere Taten. Dinge werden vorhersehbar, was uns Sicherheit gibt. Das Zusammenleben ist klar definiert und normiert. Wir haben einen geordneten Rahmen, in dem wir uns zu bewegen wissen. Ohne Normen würde Chaos herrschen. Es gäbe keine Handlungsweisen, keine Ethik und Moral*. Nichts wäre vorhersehbar und alles enorm individuell. Nun wäre es eine zu simple Antwort zu behaupten, dass es die Ordnung ist, die wir in ihrer vollen Ausprägung verfolgen sollten. Die Ordnung ist nicht anpassungsfähig und starr. Sie verleitet zur gewillten Blindheit, sodass Probleme nicht wahrgenommen werden und selbst wenn solche Situationen erkannt werden, hält die Ordnung an gewachsenen Strukturen fest. Die volle Ausprägung von Chaos ist ebenfalls nicht die Lösung des Problems (wobei Problem hier eher als die Frage zu verstehen ist, zwischen was wir uns entscheiden sollten).

---

* Natürlich können auch die Moral und Ethik zuerst da gewesen sein. Was war zuerst da, das Huhn oder das Ei?

Achtung! Die folgende Ausführung verfolgt das Ziel, den Punkt der Aussage »Chaos ist Potenzial, negativ als auch positiv. Chaos steht für Veränderung und Transformationen. Ordnung kann Sicherheit geben, doch nie ist sie Sicherheit für immer. Wir brauchen beides und beides hat gute und schlechte Seiten« zu vermitteln. Sie erhebt nicht den Anspruch, wiederspruchlos zu sein und bedient sich an Stereotypen.

Kinder, die auf einem Bauernhof aufwachsen befinden sich in einer anderen Umwelt als Kinder, die in einer Stadt aufwachsen. Der Bauernhof ist um einiges unhygienischer und bietet eine ganze Palette an Krankheitserregern, die es in der Stadt so nicht gibt (was nicht bedeutet, dass eine Stadt eine saubere Umgebung ist). Die Kinder tummeln sich bei den verschiedensten Tieren, spielen im Matsch und sind grundsätzlich mehr in der freien Natur unterwegs. Sie sind also ständig gewissen Gefahren (Krankheitserregern, Schürfwunden usw.) ausgesetzt, die sie nicht in Lebensgefahr bringen, sondern ganz im Gegenteil auf Lebensgefahren vorbereiten. Das Immunsystem eines Kindes, welches stets gesund und nahezu sterilisiert lebt sowie keine tolerierbare Exposition gegenüber Keimen oder ähnlichem erfährt, ist um einiges schwächer und anfälliger für Krankheiten (die mit Sicherheit kommen werden) als das Immunsystem eines Kindes, welches sich freiwillig (mehr oder weniger) den Gefahren des Lebens aussetzt. Kinder, die überbeschützt aufwachsen (auch außerhalb des Kontextes Gesundheit), die keine Erfahrungen mit den Gefahren des Lebens (wie auch immer sich diese manifestieren*) machen, sind um einiges anfälliger für genau diese Gefahren, die sie nicht erfahren. Es ist die freiwillige Exposition zu den Gefahren des Lebens, zu dem Grad wie wir es meistern können*, die von großer Bedeutsamkeit ist. Die Gefahren werden nicht weniger oder schwächer, aber es ist definitiv der Fall, dass wir stärker werden.

Die Last des Lebens wird eines Tages auf den Schultern eines jeden Menschen liegen. Sich nach und nach eigene Kräfte durch Exposition aufzubauen,

---

* Die negativen Seiten des Lebens sind jedem Menschen mit gewisser Lebenserfahrung wohl bekannt. Krankheit, Tod, Rache, Hass, Betrug, Liebeskummer, das eigene Bewusstsein, die eigenen Mängel usw. All diese Dinge sind potenziell lebensgefährlich. Glauben Sie nicht, dass das häufige Verwenden des Wortes Lebensgefahr ein Stilmittel ist. Keiner von uns wird dieses Leben überleben. Manche gehen spät, andere leider früher.

* Es ist allgemein anerkannt, dass eine Therapie, die beispielsweise eine Phobie bekämpft, die Konfrontation oder Exposition einer tolerierbaren Dosis dieser Phobie nutzt, um den Menschen zu helfen. Dabei kommt es nicht darauf an, wie insignifikant klein die Dosis der Exposition zu sein scheint. Es ist das freiwillige Begegnen der Angst in einem kontrollierten Rahmen, der nicht gleich zur Überwältigung führt, was den Menschen nach und nach weniger ängstlich macht. Was einen nicht umbringt, macht einen stärker.

scheint die einzig logische Möglichkeit, mit den Tragödien der Welt umgehen zu können, ohne dabei bitter, hasserfüllt oder rachsüchtig zu werden (obwohl dies nicht garantiert ist). Ohne, nennen wir es Training, wird die ganz sicher auftauchende Last, die gut und gerne, wie aus dem nichts vom Himmel fällt, den Menschen erdrücken oder ihn zumindest dazu zwingen, nach Hilfe fragen zu müssen. Was im Grundsätzlichen nichts Falsches ist, aber wie viel eigene und externe Last kann die helfende Hand tragen, bis sie selbst erdrückt oder ebenfalls nach Hilfe rufen wird, womit der Kreislauf wieder von vorne losgehen würde? Es ist also keine sinnvolle Strategie, sich nicht den Tragödien des Lebens zu stellen und die Augen zu schließen*. Diese Schattenseite der Ordnung können wir im Kontext dieses Buches mit der vollen Treue zu den Normen vereinen. Doch wie wir unschwer erkennen konnten, ist dies nicht der richtige Weg, dem Leben mit Sinnhaftigkeit und Kraft entgegenzutreten. Chaos auf der anderen Seite lässt sich mit dem kompletten Ablehnen aller Normen gleichsetzen. Es beschreibt das unendliche Potenzial. Alles ist möglich in einer chaotischen Welt. Aus alt und kaputt macht Chaos neu, bis es funktioniert. Bei unserem Bauerhof-Beispiel

---

* Eine Referenz an die im Kontext der Ordnung genannte gewillte Blindheit.

geblieben ist Chaos die außer Kontrolle geratene Flut an Krankheiten. Chaos überwältigt uns und kann uns handlungsunfähig machen. Zu viel passiert gleichzeitig, sodass wir lieber gar nichts machen, als eine der tausend Sachen anzufassen. Es ist also nicht ratsam, sein Kind, ohne jeglichen Schutz, in die chaotische Welt zu schicken und sei es *nur* die chaotische Welt der Krankheitserreger eines Bauernhofs. Ein Kind sollte nicht bei den Schweinen schlafen, in ihren Exkrementen spielen und ihr Futter essen. Das ist Chaos. Ein Kind sollte nicht in einem Schutzanzug vor jeglichem Dreck oder jeglicher Unreinheit isoliert aufwachsen. Das ist Ordnung. Zumindest in ihren Extremen. Als oben über freiwillige Exposition geschrieben wurde: Das ist die Mitte, die irgendwo zwischen diesen beiden Extremen existiert. Wer die Auswirkungen der Extreme versteht, kann erfassen, wie notwendig eine gewisse Ausprägung zweier gegensätzlicher Pole ist. Aus Ordnung wird Sanftmut und aus Chaos wir Aggression. Die extreme Ausprägung Letzteres dürfte für jeden intuitiv klar sein. Aggression führt zu Gewalt und Totschlag. Nichts Gutes. Die extreme Ausprägung von Sanftmut lässt sich wunderbar mit einem Synonym erklären: Duckmäuserei. Wenn Aggression auf Konfrontation aus ist, dann vermeidet Sanftmut jegliche. Eine Person lässt alles über sich ergehen und lässt mit sich machen, was auch immer kommt. Nichts Gutes. Die meisten Menschen befinden sich aber nicht am äußerten Punkt der zwei Pole. Unsere Bevölkerung ist auf der Distribution normal verteilt, was bedeutet, dass wir die Balance halten. Was am Ende dazu führt, dass wir in der Welt leben, wie wir sie heute vorfinden. Würden Menschen sich auf der Skala anders verteilen, mehr hin zu einem der Extreme, dann würde die Welt eine andere sein (stellen Sie sich vor, 45 Prozent der Menschen wären so aggressiv, wie aufgrund von Gewalttaten inhaftierte Sträflinge).

Pure Ordnung allein ist keine Option, da die vermeintliche Sicherheit uns blind und schwach machen, sodass wir die Gefahren des Lebens nicht überleben würden. Nur pures Chaos ist keine Option, da der Mensch ein soziales Wesen ist, welches eine vorhersehbare Welt mit Regeln benötigt, damit es sich in zivilisierte Gesellschaften organisieren kann, in der es die Gefahren des Lebens aushalten kann. Gleiches erleben wir in der Welt der Normen*. Sie geben uns Sicherheit, aber wir dürfen nicht blind werden vor ihren gefährlichen Potenzialen.

---

* Es gibt viele Möglichkeiten, dieses Konzept anzuwenden bzw. die Idee dahinter in anderen Manifestationen des Lebens zu finden.

Stellen sie sich unser Leben wie einen Weg vor. Wobei dieser Weg in Wahrheit der schmale Grat zwischen der Ordnung rechts und dem Chaos links ist. Rechts von uns sind heiße Kohlen. Links befindet sich Trockeneis. Das Bild zeigt wunderbar die Gegensätze, die Vorzüge des eines vor dem anderen und umgekehrt. Die Kohlen, die Wärme spenden und uns gleichzeitig verbrennen. Das Eis, was uns kühl hält und gleichzeitig einfriert. Und dann ist da noch der Mensch, der es nur in der Mitte dieser beiden Felder schaffen kann, den Weg des Lebens ohne immensen Schaden (relativ gesprochen) zu gehen. Wir springen von dem einen zum anderen und wieder zurück. Nutzen die Vorteile des einen zum Ausgleich der Nachteile des anderen, entscheiden uns aber nie komplett nur für eine Seite. Ordnung und Chaos, wir finden sie in vielen Facetten und sie scheinen unsere Realität auszumachen. Normen sind eine Manifestation ihrer realen Existenz. Denn Normen sind genau das. Manifestationen, die wir in unserem alltäglichen Leben erkennen können, wenn wir nur genau hinsehen würden. Wagen wir also einen Blick. Ich hoffe sie werden sich an das Konzept Ordnung und Chaos noch erinnern, wenn es um weitere Gegensätze geht, die wir in diesem Buch behandeln werden.

Erinnern Sie sich an die von mir erwähnten Rebellen und Pioniere und den Spießbürger? Rebellen repräsentieren das Chaos. Spießbürger stehen für die Ordnung. Erstere zweifeln Normen schnell an und verwerfen sie, was gut und schlecht sein kann. Der Spießbürger hält an den Normen fest, was ebenfalls gut und schlecht sein kann. Am besten wir finden, wie bereits beschrieben, eine gute Mitte.

Eins

Wie Normen unsere Welt bauten

In »Eine kurze Geschichte der Menschheit«[4] beschreibt Autor Yuval Noah Harari die kognitive Revolution, welche vor 70.000 Jahren begann und vor 30.000 Jahren endete. Sie war maßgeblich dafür verantwortlich, dass es mit der Menschheit voranging. Sie war die erste der sonst noch bekannten landwirtschaftlichen, industriellen und aktuellen digitalen Revolution. Sie war auch die wichtigste, vielleicht nicht inhaltlich (wer kann das schon genau sagen), aber vor allem, weil sie eben die erste war. Vielleicht wiegt ein größerer Dominostein mehr als der erste. Aber dieser muss erst mal fallen. Der Homo sapiens entwickelte unterdessen »drei sehr wichtige Fähigkeiten«, die allesamt mit Informationen und Kommunikation zu tun haben.

1. Die Fähigkeit, große Mengen an Informationen über die Umwelt weiterzugeben, nutzten der »Planung und Durchführung komplizierter

Handlungen, zum Beispiel dem Schutz vor Löwen oder der Büffeljagd«.

2. »Die Fähigkeit, große Mengen an Informationen über soziale Beziehungen zu kommunizieren«, sorgte für »größere Gruppen mit bis zu 150 Angehörigen« und einen »stärkeren Zusammenhalt innerhalb der Gruppe.«
3. Für die »Zusammenarbeit zwischen einer sehr großen Zahl von Menschen, die einander nicht kennen« und der »raschen Veränderung des Sozialverhaltens« sorgte »die Fähigkeit, große Mengen an Informationen über Dinge zu kommunizieren, die gar nicht existieren, zum Beispiel Stammesgeister, Nationen, Aktiengesellschaften oder Menschenrechte.«

Auch wenn es ein interessantes Unterfangen wäre, sich jede Fähigkeit näher anzuschauen, ist es für das weitere Vorgehen nur erforderlich, Fähigkeit Nummer 3 verstanden zu haben. Zum Erwachsenwerden gehört unter anderem dazu zu erkennen, dass Konstrukte (wie sie Harari aufzählt) vom Menschen erschaffen und durch das kollektive Glauben am Leben gehalten werden. Diese Erkenntnis ist bei Normen ebenfalls eine zentrale Rolle. Unsere Sprache, Geld und Religionen sind die wohl signifikantesten Konstrukte. Und hier lässt sich eine Brücke schlagen. Diese Beschreibungen passen nämlich sehr gut zu der vorher bereits etablierten Definition einer Norm. Es muss die Mehrheit an sie glauben, sie umsetzen und leben, damit sie existieren kann. Ist dies nicht der Fall, gibt es für uns keinen messbaren Beweis, der uns die Existenz der Norm bestätigen würde. Was praktisch bedeutet, dass die Norm nicht existiert. Nur weil etwas nicht messbar ist, konstituiert dies nicht gleich die Nicht-Existenz einer Sache, aber da der Beweis fehlt, ist Skepsis angebracht. Wir können nicht beweisen, dass Gott nicht existiert. Wir können auch nicht (wissenschaftlich) beweisen, dass es Gott gibt. Von daher kommt es hier zum selben Resultat wie vorhin bei Normen. Glaubt niemand an sie, dann existieren sie nicht. Denn sie sind ein Konstrukt. Ob ich nun an Steine glaube oder nicht, ist egal. Steine existieren und müssen nicht ausgedacht werden*.

* Ein ausgedachtes Konstrukt kann aber genauso real sein (wenn es alle Voraussetzungen erfüllt) wie ein physisches Objekt, wie der Stein. Das eine passiert nur in unserm Kopf und das andere in der materiellen Welt. Aber wer sagt, dass das eine realer ist als das andere?

Aber fangen wir doch bei der ersten Norm an, die alles verändern würde – der Sprache. Die drei Fähigkeiten, die ich eben vorgestellt habe, werden allein durch Sprache ermöglicht. Sie ermöglichte es unserer Spezies, den nächsten Schritt zu gehen und sich von der Konkurrenz abzuheben. Aus der natürlichen Selektion nach Darwin konnten Menschen nun auch durch ihre Veranlagung zu Klatsch und Tratsch andere Menschen sozial bewerten. Der Mensch als soziales Wesen braucht Vertrauen in seine Gruppe. Nicht vertrauenswürdige Personen konnten durch die Sprache entlarvt, markiert und schlussendlich ausgeschlossen werden. Auf der Sprache baut das ganze Leben des modernen Menschen auf. All seine Errungenschaften wären ohne die Sprache wohl nicht möglich gewesen, obwohl dies natürlich nie mit hundertprozentiger Sicherheit bewiesen werden kann[*]. Jemandem ohne Worte zu erklären, wie Feuer gemacht wird und dass es

[*] In den Wissenschaften, vor allem in denen, die Studien durchführen, ist es von existenzieller Natur, sich mit dem Bias einer Forschung auseinanderzusetzen. Verzerrungen, wie sie im Deutschen heißen, lenken Ergebnisse in verschiedene Richtungen, weg von der Wahrheit. Aber nicht nur im wissenschaftlichen Kontext, sondern auch im realen Leben erleben wir verzerrte Wahrnehmungen, die uns davon abhalten näher an die Wahrheit zu kommen. Es ist also ratsam, sich beispielsweise mit dem Bestätigungsfehler oder dem Attributionsfehler vertraut zu machen.

heiß ist, kann ich mir noch vorstellen. Aber in der Zeit der landwirtschaftlichen Revolution die Konzepte von Dürre, Schauer, Jahreszeiten, Feldbestellung, Besitz, Steuern und so weiter ohne Sprache zu erklären, scheint mir unmöglich (Achtung: Bias Potenzial).

In den verschiedensten Gebieten der Erde haben sich Sprachen entwickelt, die von den Menschen in diesen Gebieten gesprochen wurden. Sie entwickelte sich stufenweise, wobei es schwer zu identifizieren ist, zu welchem Zeitpunkt genau der nächste Schritt gegangen wurde. Der Bibeldruck von Luther in 1544 ist schon recht gut lesbar, bei Schriften aus 1200 wird dies schon schwieriger. Erst um 1780 wurde, nach einigen politischen Geschehnissen, eine einheitliche deutsche Sprache etabliert, die über einzelne Gebiete hinausging. Da Menschen keine Veränderung mögen, sträubten sich einige Gebiete gegen diese Sprachnorm[5]. Unsere Dichter und Denker der Zeit halfen damals bei der Verbreitung der Sprache[6]. Heute können alle Menschen, die der deutschen Sprache mächtig sind, diesen Text lesen. Damals war ein Text nur korrekt lesbar, wenn die im Text genutzte Sprachnorm vom Lesenden ebenfalls genutzt wurde bzw. diese bekannt war. Denn eine Norm liegt vor, wenn die meisten Menschen eine bestimmte … (siehe Definition) als den Standard ansehen. Wenn also in früherer Zeit in Bayern jedes Wort eine bestimmte Bedeutung trug und jeder Bayer den Bedeutungen konform war, dann hatte Bayern eine Sprachnorm entwickelt. Nun ist es denkbar, dass im Norden Deutschlands zwar auch jedes Wort eine Bedeutung hatte und auch jeder Norddeutsche ihr konform war, aber dass dem Wort X in den zwei verschiedenen Gebieten unterschiedliche Bedeutungen zuteilwurde. So gab es Gebiete mit unterschiedlichen Sprachnormen, die im Laufe der Jahre zum uns heute bekannten Hochdeutsch wuchsen[*]. Aus mehreren unterschiedlichen Normen wurde mit der Zeit eine Norm, die mehr Menschen unter einen Hut fasst als je eine einzelne Norm zuvor. Es gibt heute also eine deutsche Sprache mit einer festgelegten Grammatik und Rechtschreibung sowie eine Sprachgemeinschaft, die diese Regeln als normal ansieht und sie befolgt. Die deutsche Sprache, wie auch jede andere, wird von einer Gruppe von Menschen gesprochen (Verhaltensweise) und das gemeinsame Einhalten der Grammatik und Rechtschreibung ist das Business as usal. Eine Sprache muss eine Norm sein, allein per Definition, denn wenn sich keine Mehrheit

---

[*] Hier ziehe ich die Betrachtung der verschiedenen Dialekte, die in Deutschland gesprochen werden, bewusst nicht in Erwägung. Dies würde zum einen viel zu kompliziert werden, was viele Wörter und Zeit in Anspruch nehmen würde. Und zum anderen ist die Ausführung der bzw. die Betrachtung der Dialekte dem Verständnis des gemachten Punktes nicht zuträglich bzw. stünde der Aufwand nicht mit dem Ertrag im Verhältnis.

oder eine Gruppe von Menschen finden ließe, die sich gemeinsam an die Regeln der Sprache hielten, könnte sich nicht verständigt werden, was die Sprache hinfällig machen würde. Gehen wir nun davon aus, dass die Entwicklung der Sprache mit der Entwicklung menschlicher Zivilisation einherging, dann ist dies eine positive Entwicklung – eine positive Norm.

Geld regiert die Welt

Autor und Optimist Simon Sinek beschrieb Geld einmal als »I owe you« und als ein »promise for future goods and services«, was übersetzt so viel heißt wie »Ich schulde dir« und »ein Versprechen für zukünftige Güter und Dienstleistungen«. Er argumentiert in seinem Vortrag folgendermaßen: Bevor es Geld gab, waren die Menschen im regen Austausch miteinander. Dabei war es egal, ob es sich um Esel gegen Schwein oder einen Korb Äpfel gegen eine Dienstleistung handelte. Mit der Einführung des Geldes konnte nun eine Dienstleistung mit ein paar Goldmünzen gekauft werden, ohne für sie im Gegenzug einen ausgleichenden Tausch einzugehen. Sinek nutzt das Beispiel des Abendessens: Sie werden zum Abendessen bei Freunden zuhause eingeladen. Früher hätten Sie im Austausch für das leckere Essen den

Abwasch gemacht. Heute können Sie ihnen für ihre Unannehmlichkeiten einen bestimme Summe entweder überweisen oder bar geben. Sinek argumentiert, dass die Freunde sich durch das Geld nicht richtig kompensiert bzw. wertgeschätzt fühlen. Sein Punkt und grundsätzlich seine Arbeit kann ich jedem nur ans Herzen legen, ist hier aber leider nicht relevant. Auch das Konzept des Belohnungsaufschubs passt nicht wirklich zu dem, was ich sagen will, selbst wenn dies einen Besuch auf Wikipedia wert ist.

Eine Wirtschaft, die kein Geld kannte, basierte auf Gefälligkeiten und Verpflichtungen. Diese Wirtschaft kommt an ihre Grenzen, wenn sie mit immer mehr Gütern und Dienstleistungen unübersichtlich wird und sich zu viele Fremde auf Gefälligkeiten und Verpflichtungen verlassen müssten. »In einer Tauschwirtschaft muss man den relativen Wert von dutzenden Waren ermitteln. Wenn 1000 Waren gehandelt werden, wären dies schon 499.500 Wechselkurse.« Harari erklärt außerdem, dass »es nur zu einem Tausch kommt, wenn der Käufer etwas zu bieten hat, was der Verkäufer auch will«. Die Frage war also, wie diese Probleme gelöst werden können. Leder ist mehr wert als Äpfel, aber was ist schon ein Pfund Leder gegen 50 Kilo Äpfel? Wie viele Kilo

Leder sind mehr wert als eine Ziege? Was kann ich mit einer Ziege anfangen? Wenn ich die Äpfel nicht bald loswerde, verfaulen sie und ich habe einen riesigen Verlust gemacht. Die Lösung all dieser Probleme lässt sich durch eine Sache mit mehreren Eigenschaften lösen. Nennen wir diese Lösung aus keinem bestimmten Grund – Geld. Geld darf nicht verfallen, wie es Äpfel tun können. Anders als Ziegen, muss Geld leicht transportier- und transferier bar sein. Zudem sollte es ein Limit an diesem Geld geben sowie nicht selbst herzustellen oder zu fälschen sein. Aber die wichtigste Eigenschaft ist der allgemeingültige Wert, über die dieses Geld verwendende Gruppe sich einig ist. Das heißt, dass in jedem Dorf ein Kilo Äpfel gleich viel Geld kostet. Jedes Gut, jede Dienstleistung hat einen geldlichen Gegenwert, was bedeutet, sie sind mit Geld universal erhältlich. Konnte ich meinem Tauschpartner vorher nur Kartoffeln bieten, mit denen er jedoch nichts anfangen konnte, so kann ich mit Geld den Tausch doch vollziehen, denn Geld funktioniert universal. Problem gelöst, die Welt ist einen großen Schritt weiter.

Ich hoffe es ist dem ein oder anderen aufgefallen, dass in dieser Beschreibung bereits dem Geld alle Defenitionspunkte einer Norm zugeschrieben wurden. Facettenreich gedacht ist Geld ein Umstand sowie

Verhaltens- und Denkweise zugleich. Geld funktioniert nur, wenn wir an Geld glauben. Ein Zehneuroschein ist an sich vielleicht ein paar Cent wert. Aber da wir alle daran glauben, er habe einen Wert, führt dieser gemeinsame Glaubenssatz dazu, dass dieser Schein einen tatsächlichen Wert erhält (auch wenn er nur in unseren Köpfen existiert). Denn ich tausche meine Ziegen nur gegen zehn Goldmünzen, wenn ich zu hundert Prozent weiß, dass jeder andere mögliche Tauschpartner ebenfalls die Goldmünzen als Zahlung akzeptiert. Gleichzeitig muss jeder mögliche Tauschpartner die Gewissheit haben, dass er seine Goldmünzen loswerden kann.

Ob nun Amerikanerinnen an den US-Dollar oder ich als Deutscher an den Euro. Eine Gruppe Menschen glaubt an die Norm und fügt sich dieser (zum Beispiel Amerikanerinnen dem US-Dollar). Wobei in bestimmten Kontexten anstatt mit dem Wort Geld eher mit dem Wort Währung operiert werden sollte. Wohl fast die gesamte Menschheit glaubt an Geld und an alles, was in diesem Paket mitgeliefert wird, was Geld zur Norm macht. In ihrem Alltag glauben die Kanadier an ihren kanadischen Dollar, die Schweizer an ihre Franken und ich an die Währung Euro in meinem Portemonnaie. Vor etwa 5000 Jahren waren in Sumer aber keine geprägten Münzen in den Hosentaschen der Menschen. Gerstenkörner wurden als das erste uns bekannte Geld verwendet. Es dauerte noch einige Jahrhunderte bis das aus dem späterem Silberschekel (ein Gewicht, welches in Silber übersetzt wurde) die erste geprägte Münze in der heutigen Westtürkei im Jahr 640 vor unserer Zeitrechnung verwendet wurde. Sagen wir der Einfachheit halber, dass es Geld in der Art, wie wir es heute kennen, seit etwa 2500 Jahren gibt. In dieser Zeit haben wir es geschafft, die meisten sprachlichen, kulturellen und religiösen Barrieren hinter uns zulassen. Obwohl wir geschichtlich sagen müssen, dass diese Barrieren die meiste Zeit zwischen den Menschen standen und es lediglich das Geld schaffte, Menschen zusammenzubringen. Harari schreibt in seinem Bestseller: »Die Menschen sprachen zwar unterschiedliche Sprachen, gehorchten unterschiedlichen Herrschern und beteten unterschiedliche Götter an, doch sie alle glaubten an Gold, Silber und die Münzen aus diesen Edelmetallen. Ohne diesen gemeinsamen Glauben wäre der Aufbau globaler Handelsnetzwerke unmöglich gewesen«. Aber nicht nur das Geld und die Sprache haben alles* für die

* Ja, mit Geld kann man schlimme Dinge anrichten und auch in unserer Sprache gibt es beleidigende Worte. Das ist nicht der Punkt. Der Punkt ist die Entwicklung, die die Menschheit durch die Einführung dieser Normen nahm. Ohne sie wären wir heute nicht da, wo wir sind, und ich für meinen Teil lebe lieber heute als vor zig Jahren in einer Höhle.

Menschen zum Besseren gewendet. In der Schule lernen wir ja auch nicht nur rechnen und schreiben, sondern auch das Lesen.

Schreib mir, wenn du zuhause bist

Wem der Name Marco Scheel* durch seinen emotionalen, von Frust geprägten Videoausschnitt ein Begriff ist, hat laut und deutlich verstanden, wie der Verwaltungswahn in Deutschland die Menschen um den Verstand bringen kann. Seine Emotionen durch seine Ausdrucksweise und Worte zu spüren ist etwas, das sich mit der Sprache wunderbar erreichen lässt. Doch dies kann die Schrift leider nicht (zumindest nicht in diesem Ausmaß), denn sie ist lediglich die Antwort auf »die Bedürfnisse der zunehmenden Verwaltungstätigkeit«, wie es Harari schreibt. Damals haben die Menschen die zehn Gebote in Steintafeln gemeißelt oder aufgeschrieben, wer wem wie viel schuldet, was sich mit unserem heutigen Nutzen der Schrift kaum vergleichen lässt. Klausuren,

* Marco Scheel ist Unternehmer im Norden Deutschlands, wo er versucht mit nachhaltiger Wollkleidung der schnelllebigen Industrie Konkurrenz zu machen. Sein bekanntester Clip ist auf YouTube leicht zu finden. Der YouTube Kanal »NDR auf'm Land« verfolgt seine und die Geschichten vieler anderer Norddeutschen mit interessanten Einblicken.

Einkaufszettel und WhatsApp-Nachrichten schreiben ist nicht das Einzige, in das wir heute unser gesprochenes Wort in physische Buchstaben verwandeln. Auch Hasskommentare, Klatschmagazine und Pornoskripte werden verfasst. Bei den bereits erwähnten Sumerern wurden zwar wahrscheinlich keine Playboy-Hefte unter den Betten entdeckt, aber sie waren es, die ebenfalls vor etwa 5000 Jahren die erste Schrift erfunden haben. Zu dieser Zeit nahm der Handel, dank des nun vorhandenen Geldes, richtig Fahrt auf. Die Menschen hatten mit immer mehr mit fremden Menschen zu tun und auch mit immer mehr mit Menschen aus anderen Orten und später sogar aus anderen Ländern. Problematisch ist, dass unser Vertrauen zu unserem Gegenüber proportional mit der nicht vorhandenen Bekanntschaft sinkt. »Dein Wort ist mir nichts wert, denn ich kenne dich nicht und habe keine Referenzen. Wir schreiben es zur Sicherheit nieder, unterschreiben das Ganze und die Sache ist geklärt.« Verträge verhandeln und unterschreiben wir heute noch aus demselben Grund: Vertrauen und Absicherung. Vertrauen musste also nicht mehr hart verdient werden, denn in der Geschäftswelt hat ein Vertragsbruch natürlich finanzielle Konsequenzen. Vertraut wird also nicht der Person per se, sondern ihrer Weitsicht, die Konsequenzen des Vertragsbruchs nicht tragen zu wollen. Es konnte aber nicht nur das

Geschäft blühen, sondern alle Menschen, die durch eine gemeinsame Sprache zusammengehörten. Denn, wie bereits besprochen, sind Informationen und Kommunikation für uns Menschen von großer Bedeutung. Alles, was dem Mensch jemals wichtig war, hat er aufgeschrieben. Verträge, Schuldscheine, die Bibel, Verfassungen, Liebesbriefe, Tagebücher, Rechnungen, Quittungen und noch vieles mehr. Rückwärts gedacht ist es nur schwer möglich, sich unsere heutige Zeit ohne eine Schrift vorzustellen. Ähnliche Konzepte außer Acht gelassen, können wir nur kommunizieren, wenn eine Person in Hörweite ist. Diese Limitation hätte die Menschheit in derselben Zeit nicht zu der Größe und ihren Errungenschaften streben lassen. Gut, aber wieso ist die Schrift ebenfalls eine Norm? Nun könnte argumentiert werden, dass es lediglich eine andere Form der Sprache ist, die sich anders in der Welt manifestiert. Doch auch unabhängig von diesem Punkt ist die Schrift eine Norm. Die meisten Menschen können mit den Buchstaben auf diesen Seiten etwas anfangen, denn das lateinische Alphabet ist weit verbreitet. Doch es werden nur die Menschen lesen können, die ebenfalls die deutsche Sprache verstehen. Denn auch wenn jeder Mensch ein Wort für den draußen stehenden Baum hat, nennt die Engländerin ihn »tree« und der Franzose »arbre«.

Niedergeschrieben mit denselben lateinischen Buchstaben machen die Wörter nur für die Menschen Sinn, die die Sprache lesen bzw. sprechen können. Aber es ist egal, dass eine unterschiedliche Anordnung der Buchstaben in unterschiedlichen Ländern andere Wörter ergeben. Denn wichtig ist nur, dass dieser Umstand, das Konzept der Schrift, in jedem einzelnem Land, welches ein Schriftsystem nutzt, der Standard ist und die Menschen diesem folgen.

Wo die Wege sich kreuzen

Hamburg ist etwa 400 Kilometer von meiner Heimat entfernt. Dennoch kann ich dort anrufen, dorthin einen Brief oder eine E-Mail schreiben. Ich kenne dort keinen und dennoch weiß ich um Gemeinsamkeiten. Die Normen, denen wir gemeinsam folgen. In Hamburg gibt es auch DIN-A4-Blätter, hier werden meine gesprochenen und geschriebenen Worte sowie mein Geld einen Abnehmer finden. Eine gekaufte Flasche Wasser drehe ich wie zuhause gegen den Uhrzeigersinn auf und mit dem Uhrzeigersinn zu. Der Stecker meines Handyladekabels passt perfekt in jede Steckerdose.

Das nicht allzu weit entfernte Vereinigte Königreich jedoch wird deutsche Besuchende vor ein paar

Herausforderungen stellen. Auch wenn die meisten Normen in ihren Grundzügen gleich sind, unterscheiden sie sich in den Detailfragen zu unseren schon deutlich. Die Briten haben ebenfalls ihre Sprache, Schrift, Verkehrsregeln. Kurz gesagt: Normen, die für die Briten gelten. Sie sprechen Englisch, schreiben auf Englisch, fahren auf der linken Straßenseite und verwenden Pfund und Pint als Maße wie wir den Meter und Kilo. Dasselbe Spiel kann in jedem Land der Erde betrieben werden, denn Normen sind ein universelles Phänomen, welches den Menschen, den Nationen zu ihren Aufstiegen verhalf. Sowie jedes Land mit genügend Zeit und unabhängig voneinander beispielsweise die Naturgesetze entdeckt hätte, hat jedes Land für sich Normen etabliert. Denn Normen sind wie Naturgesetze: unausweichlich. Mit unendlich viel Zeit schreibt ein Affe an einer Schreibmaschine jedes Buch, welches bereits existiert oder existieren kann. So ähnlich verhält es sich mit Normen und den Naturgesetzen. Würde in unseren Köpfen ein Reset-Knopf gedrückt und alle Physikbücher verbrannt werden, dann würden nach einer unbestimmten Zeit diese Bücher wieder geschrieben werden. Irgendjemand würde die Newtonschen Gesetze aufschreiben und jemand anderes würde, wie Johannes Kepler, herausfinden, dass die Geschwindigkeit der Umlaufbahn eines Himmelskörpers von der Masse bestimmt wird, die sich innerhalb des Orbits befindet. Auch würde wieder entdeckt werden, dass sich Licht mit einem Prisma brechen lässt, es aus verschiedenen Farben besteht und es auch Licht gibt, welches links und rechts unsichtbar ist (zumindest für unser Auge). Und zwar unter dem roten (infrarot) und über dem violetten hinaus (ultraviolett). Denn die Wissenschaft zeigt uns mit ihren Tests und Methoden die Realität, in der wir uns bewegen. Ob die Bibel nach einem vollständigen Verschwinden noch einmal genauso geschrieben werden würde, darf aus meiner Sicht angezweifelt werden. Wir können aber sehr stark davon ausgehen, dass andere Schriften hervortreten würden (ob wir diese Schrift dann Bibel nennen würden, bleibt ungewiss). Denn es gibt Gründe, weshalb Geschichten, wie sie in der Bibel stehen, aber auch Geschichten der nordischen, griechischen oder ägyptischen Mythologie oder Geschichten wie Dornröschen, Peter Pan oder Pinocchio, die Zeit überdauern. Sie tragen fundamentale Elemente des menschlichen Erlebens in sich, die sich nicht einfach verwerfen lassen und uns tief im Inneren berühren. Normen zählen ebenso zu diesem fundamentalen Erleben. Sie haben ihren Teil zu unserem Fortschritt beigetragen. Zumindest ist es nicht offensichtlich für mich, dass die Menschen ohne

Normen ebenso einen Fortschritt hingelegt hätten, wie sie es mit Normen taten. Normen bringen Ordnung in eine Welt voller Chaos.

Zwei

Vom Mars zum iPhone-Adapter - Ein Exkurs

Die Vorstellung, eine zwei Planeten-Spezies zu werden, gibt es schon seit einigen Jahren und wird immer populärer. Gründe dafür werden zur Genüge aufgeführt, die einen etwas plausibler als manch andere. Der Mensch wird die Erde in der Zukunft (Zeitpunkt und -raum nicht näher betrachtet) aus den verschiedensten Gründen nicht mehr bewohnen werden können. Um weiterhin eine menschliche Erfolgsgeschichte schreiben zu können, bedarf es weiterer Wohnorte im Universum. Würde unsere Sonne in fünf Milliarden Jahren selbst für das Leben auf dem Mars zu heiß werden, dann käme nur noch das »Starhopping*« (dt.: Sterne springen) in Frage. In ein paar hundert Jahren der Mars und dann mit viel Anlauf zum

* Hiermit ist das wiederholte Umziehen von Stern zu Stern bzw. Planet zu Planeten gemeint, wie sich manche Menschen jedes Jahr eine neue Wohnung suchen und immer wieder neue Länder ihre Heimat nennen. »Starhopping« (zusammengeschrieben) beschreibt eine Technik der Beobachter des Nachhimmels, die der Orientierung am Himmel und dem Auffinden von Sternen dienlich ist.

nächsten Exoplaneten. Wenn wir bereits auf dem Mars sind und uns dort gut weiterentwickeln, sind manche Sprünge von dort aus kürzer als vom Planeten Erde.
Auf jeden Fall ein interessantes Vorhaben, das ich wohl nicht miterleben werde. Eine andere Seite der Medaille, die eher eine pessimistischere Abbildung zeigt, gibt es selbstredend auch. Ihr persönlicher Astrophysiker Neil deGrasse Tyson, der unter anderem dafür bekannt ist, mitverantwortlich für die Degradierung Plutos zum Zwergplaneten zu sein, malt ein Bild der Skepsis und des Realismus. Denn die lebensverachtendste Stelle der Antarktis ist wohl lebensfreundlicher als die tollste Stelle auf dem Planten Mars (Leben, so wie wir es kennen). Tyson stellt zurecht die Frage, wieso sich keine Schlangen bilden, Häuser und Grundstücke in der Arktis oder Antarktis zu erschaffen. Es werde zu oft vergessen, dass der Mensch einfach umkippt, wenn er den Mars betreten würde. Kolumbus hatte zu seiner Zeit das Glück, dass es Luft gab, die er einzuatmen auch in Europa gewohnt war, als er sein Schiff verließ und Fuß in die für ihn neue Welt setzte. Er konnte das Fleisch und das Getreide der amerikanischen Ureinwohner essen, seine Schiffe reparieren, denn die Bäume bestanden aus Holz.
Nun überlegen Sie mal: Ist es schon eine Norm, Luft vorzufinden, die beim Einatmen nicht toxisch ist?

Nahrung zu verspeisen, die aus Kohlenhydraten, Fetten und Proteinen besteht, die wir Menschen verdauen können? Ist eine Norm immer nur ein soziales Konstrukt oder können dazu auch Naturprozesse zählen? Nehmen Sie sich die Luft als Beispiel: Kann sie mit der Normierung von Steckdosenleisten verglichen werden? Wäre ein solcher Vergleich fair, sinnvoll oder ist er nicht zielführend? Wie gut ist ihr Normgefühl? Denn dieser Exkurs soll zum Nachdenken anregen. Nehmen Sie sich etwas Zeit und kehren Sie an diese Stelle zurück. Nicht umsonst habe ich zu Beginn auf eine präzise Definition beharrt. Diese schließt gleichzeitig ein und aus. „Eine Norm bezeichnet einen Umstand, eine Verhaltens- oder Denkweise oder eine Vorgabe, die weltweit, national oder gesellschaftlich von der Mehrheit der Menschen als der Standard, der Status quo, als das Business as usal, als normal angesehen wird und diese Mehrheit sich eben der Norm fügt bzw. die Norm lebt." Ich gehe so weit und behaupte, dass jeder Mensch den Umstand Luft als Standard sieht (hat jemand mal nach einer Alternative gefragt?) und sich diesem fügt (Sie atmen es doch auch, oder?) Dies macht die Luft zu einer Norm, rein logisch per Definition. Meiner Definition. Dennoch fühlt es sich nicht richtig an, die Luft zum Atmen als eine Norm zu titulieren. Ich war nie Fan davon, eine perfekt gerade gezogene Linie zu sein, nach jeder Regel zu spielen und immer nur auswendig zu lernen. Verstehen. Davon bin ich sehr wohl ein Fan. Denn ich verstehe zum Beispiel, was Brüche sind, was sie wollen und aussagen. Einen Bruch ohne gemeinsamen Nenner zu addieren, ergibt keinen Sinn. Das weiß ich, ohne die genaue Definition der Rechenregeln zu kennen. Ebenso verhält es sich mit dem Bilden der Zeitformen im Englischen: Ich habe es verstanden und in mein Sprachgefühl aufgenommen. Was die genaue Definition des »past progessive« ist, kann ich nicht sagen. Mir ist sehr wohl bewusst, dass sich darin auch Fehler einschleichen können, die in einer Prüfung vielleicht die Eins Plus mit Sternchen verhindern könnten. Aber jegliche Alltagssituationen und auch erweiterten Aufgaben sind kein Problem. Wird es zu der Frage, ob Luft eine Norm ist, jemals eine Prüfung geben, die unser Leben verändern wird? Wohl eher nicht. Auf den Punkt gebracht will ich sagen, dass es von großer Bedeutung ist, sich in den wichtigen Einzelfällen genau den Regeln und der Definition bewusst zu sein. Aber ein sehr ausgeprägtes, auf Fakten und Erfahrungen basierendes, funktionierendes Gefühl der Wahrheit zu haben, ist vollkommen ausreichend, um gut durch das Leben gehen zu können*. Mein Gefühl sagt mir, Luft sei keine

Norm, da ich aktuell nur an Normen denke, die vom Menschen erschaffen wurden. Denken Sie auch an die 10/10 Quote. Das heißt nicht, dass Luft nicht eine sein kann, sondern nur, dass ich gerade einen anderen Blickwinkel habe. Denn sehr wohl kann ich die argumentative Haltung einnehmen und genauestens die Definition anwenden und zu dem Schluss wie bereits beschrieben kommen:

„Eine Norm bezeichnet einen Umstand, eine Verhaltens- oder Denkweise oder eine Vorgabe, die weltweit, national oder gesellschaftlich von der Mehrheit der Menschen als der Standard, der Status quo, als das Business as usal, als normal angesehen wird und diese Mehrheit sich eben dieser Norm fügt bzw. diese lebt."
Wer aufgepasst hat, dem ist aufgefallen, dass Luft eine öffentliche Norm wäre. Sie gilt in ihrem Hoheitsgebiet, in diesem Fall unsere Atmosphäre, ohne, dass sie dazu ausgerufen wurde. Jeder kann sich über unsere Luft und ihre Zusammensetzung informieren sowie über jegliche geltenden DIN-Normen. Den öffentlichen Normen steht der normale Bürger meist machtlos gegenüber, was keinesfalls als schlimm zu bezeichnen ist, denn diese Normen helfen uns enorm und ich

---

* Erinnern Sie sich an das Diesel-Dilemma. Das Ganze ist nicht perfekt, lässt uns aber vorankommen.

möchte sie nicht neu ausdenken und einrichten müssen. Denn auch wenn ich gezwungen bin, mir die Anordnung der Tasten auf meiner Tastatur zu merken und danach zu handeln, verspüre ich keine Wut an eine übermächtige Entität, die mich in einen Käfig zwängt. Ich bin frei, da ich keine Gedanken an all die unzählbaren Vorgänge meines Alltags verliere, die durch Normen geregelt sind. Aber um dies bewerten und feststellen zu können, musste ich mich mit Normen beschäftigen und über sie nachdenken. Dies schließt keineswegs aus, dass Normen nicht die Macht haben, die Freiheit der Menschen zu beschneiden. Doch es ist ein Leichtes zu erkennen, dass die Mehrheit der Normen für ein geordnetes Leben sorgen:

Ich gehe morgens aus dem Haus und schwinge mich auf mein Fahrrad. Am Bahnhof angekommen, schaue ich auf die Anzeige und lese *5 Minuten Verspätung* und frage mich nicht, ob das Zugunternehmen seine eigene Definition einer Minute hat. Der Zug kommt an und die Wartenden lassen zunächst die Aussteigenden hinaus, bevor sie selbst einsteigen. Im Fahrradabteil schließe ich mein Rad an und suche mir im Abteil darüber einen Sitzplatz. Den Stecker meines Laptopladekabels stecke ich unbedacht in die Steckdose. Nach gewisser Zeit verspüre ich den Drang, auf Toilette zu müssen und schließe mit einem simplen Drehen die Tür ab. Ob der Riegel wirklich im Ziel angekommen ist, überprüfe ich nicht, denn Türen sind doch genormt, oder? Zumindest komme ich ohne peinlichen Zwischenfall in meiner Unistadt an. Ich atme die frische Winterluft ein und halte mich an die mir bekannten Verkehrsregeln. Die Kommilitonin aus einem anderen Studiengang spricht dieselbe Sprache wie ich und auch ihr mobiles Endgerät, eine andere Marke als mein Laptop, hat dieselbe Tastaturausrichtung. In der Pause fülle ich meine Wasserflasche auf, ohne Sorgen an eine Kontaminierung. Auf der Arbeit weiß ich intuitiv, wie die Rollläden funktionieren. Ein Schüler hat eine Frage zu Mathe und die Thematik hat sich in den letzten zehn Jahren zum Glück auch nicht geändert. Die Welt ist perfekt. Obwohl, hat jemand zufällig einen iPhone-Adapter?

Part 3

In der selbst gebauten Zelle

Sie werden doch wohl kaum geglaubt haben, dass eine Gefängniszellenherstellerin während ihrer Arbeit eine Straftat beging und somit unweigerlich in ihre eigens gebaute Zelle wanderte? Die schlimmste Zelle (zumindest eine davon) besteht nicht aus Metallstäben und hat auch sonst sehr wenig mit etwas Physischem zu tun. Ob gefangen im Job oder in der Beziehung, wir verwenden diesen Begriff nur zu gerne, auch wenn wir kein echtes Gefängnis vor Augen haben. Wir fühlen uns eingeschränkt, festgefahren und unfrei in unseren Handlungen. Oft sind diese Gitterstäbe von anderen Menschen oder dem System aufgebaut und meist können wir ihnen nur schwer entfliehen*. Ein Ohnmachtsgefühl macht sich breit, denn jemand anderes hat eine Bürde auf uns gelegt. Sollten wir uns nicht demnach ermächtigt fühlen, wenn wir in unserer selbst gebauten Zelle sitzen? Schließlich könnten wir

* Hüten Sie sich jedoch vor der Opferrolle. Übernehmen Sie Verantwortung für Ihr Leben und für Dinge, die wertvoll und erstrebenswert sind und einen Mehrwert für Sie selbst, Ihre Familie und Ihre Community haben.

die eigens errichteten Mauern einreißen und allen Zwängen entfliehen. Nur sehen wir die Zelle, in der wir sitzen, nicht. Wir sind uns doch schließlich stets am nächsten und würden uns selbst nie schaden, zumindest scheint uns dies offensichtlich. Aber ganz im Gegenteil sind es sehr oft wir selbst, die uns im Wege stehen. Wer nicht gerade Sadist oder ein Parasit ist, möchte so wenig Schaden wie wenig möglich verursachen (ausgehend von einem positiven Menschenbild). Doch dies geschieht jeden Tag, ob von Individuum zu Individuum oder von Gruppe zu Gruppe. Schlimm ist es nicht, sein Potenzial nicht ausgeschöpft zu haben. Schlimm ist es, sich nie getraut zu haben, sein wahres Potenzial zu erkennen.

Erkennen ist das Zauberwort. Normen können den Menschen einschränken wir Gitterstäbe. Es ist die Aufgabe des einzelnen zu erkennen, ob dies für ihn der Fall ist. Normen werden von der Mehrheit aufrechterhalten, aber als Individuum ist man nur Teil der Mehrheit und nicht die Mehrheit selbst. Das Hinterfragen, wie es zum Befolgen der Norm kam, ist von essenziellem Wert. Ist es einer Person möglich, die Norm zu verlassen (wie es oft der Fall ist) und sie gute Argumente für jenes Verlassen hat, dann braucht es lediglich ihren Mut, Taten folgen zu lassen. Die eingeschränkte Freiheit wiederzuerlangen, ist aus meiner Sicht ein sehr starkes Argument.

Zu einer weit entwickelten Persönlichkeit gehört die Fähigkeit zur Selbstreflexion sowie Selbstkritik. Oft aber wird das Kritisieren des Systems oder anderer Personen als faul angesehen. Fehler seien am besten im eigenen Spiegelbild zu finden. Selbstredend ist dies wichtig und so können viele Fehler behoben werden. Aber jemand anderem den Spiegel vorzuhalten ist ebenso von Nöten. Es gibt Normen, in die ein Individuum hineingeboren wird und ihr gegenüber machtlos unterlegen ist. Es gibt Normen, bei denen dies nicht der Fall ist und das Individuum sich der Verantwortung stellen muss, sich gut zu überlegen, ob es der Norm Folge leisten möchte oder nicht.

Der noble Akt, sich selbst Fehler einzugestehen, sollte nie der Untersuchung anderer im Wege stehen. Denn wenn mein Nachbar einen Unfall baut, dann kann er den Schuldigen in sich selbst erkennen, doch genauso gut bin ich in der Lage, die Situation und den Schuldigen zu identifizieren. Gleichzeitig können nicht nur die erste und zweite Person Singular, wie bis eben besprochen, sondern auch eine Vielzahl an Menschen, vor allem die ganze Gesellschaft, die eben meist für das

Bilden von Normen verantwortlich ist, Fehler machen. Hierauf sollte stets ein Auge gerichtet sein.

In der Politik und in der Liebe werden gravierende Fehler sehr gerne mit dem Entlassen des Schuldigen behoben. Doch in anderen Sphären ist es belanglos, wer den Fehler gemacht hat. Wichtig ist es, Fehler zu suchen, sie zu finden und zu beheben. Wer glücklicher und leichtfüßiger durch das Leben gehen will, tut sich gut darin, Fehler und Probleme nicht zu romantisieren. Ich empfehle verbessern, abhaken und mit der gelernten Lektion im Hinterkopf weitermachen.

Dieses Exposee erhält seinen Sinn durch den folgenden Fahrplan, der die Reise des dritten Parts bestimmt. Denn wir sind fertig damit, Normen zu bewundern und ihnen zu danken. Selbstredend hat die Medaille auch eine andere Seite, die wir nun beleuchten werden. Eine Seite von Schatten, Fehlern und Möglichkeiten. Eine Seite, die die andere wunderbar ergänzt, denn sie ist das Chaos und das Potenzial, die der Ordnung und dem Stagnieren gegenüberstehen. Ohne Sonne kein Schatten und ohne Schatten verliert das gleißende Licht seine Bedeutung. Zunächst haben wir die positiven Eigenschaften von Normen erkundet und erkannt, wie fundamental sie für unser Zusammenleben sind. Wer das Licht nicht kennt, wird es in der Dunkelheit niemals finden. Es wurde wichtige Vorarbeit geleistet, um im späteren Verlauf aus identifizierten negativen Normen positive Nuancen erkennen zu können, damit sie nicht gleich auf den Scheiterhaufen geworfen, sondern verbessert werden können. Obwohl ich nicht ausschließen möchte, dass manche Normen sehr wohl von dieser Welt gestrichen gehören. Fatal wäre es jedoch, solche Vorhaben aus reiner Willkür umzusetzen. Die Intentionen unseres Handelns sind von großer Bedeutung. Eine Norm einfach so, vielleicht aus Spaß zu verwerfen, ist ein naiver Schachzug, der wohl nur einem Kind leicht verziehen wird.

In der Realität fundierte Überlegungen und argumentationsfähiges Wissen ermöglichen es, öffentlich Aussagen zu tätigen und diese zu verteidigen. Wichtig ist dies, da sich per Definition das Stellen gegen eine Norm automatisch gegen die Mehrheit, die Öffentlichkeit richtet. Wer sich die Haare pink färbt, macht eine öffentliche Aussage. Das Nicht-Befolgen einer Norm sollte stets gut begründbar sein. Nicht nur als Rechtfertigungsmittel gegenüber anderen, aber vor allem für sich selbst als Bestärkung, das Richtige zu tun. Ohne wohlgetätigte Überlegungen eine Norm zu verwerfen, scheint mir keine tugendhafte

Entscheidung zu sein. Als soziale Wesen sind wir von anderen abhängig und dazu gehört es, von anderen gemocht zu werden. Wer uns nicht mag, spielt nicht mit uns im Sandkasten, geht nicht mit uns essen, macht keine Geschäfte mit uns und verliebt sich auch nicht in uns. Starke, auf Liebe, Vertrauen und Wertschätzung aufgebaute Beziehungen machen das Leben wertvoll. Sich von Traditionen und Normen loszureißen, kann ein Risiko für besagte Beziehungen darstellen. Zumindest dann, wenn wir es nicht als respektable Entscheidung rechtfertigen können. Daher ist es wichtig, sich viele Gedanken über dieses Thema zu machen und keine übereilten permanenten Entscheidungen zu treffen. Folgend werden diese Gedanken exploriert. Nachdem die Arbeit getan wurde, Normen zu hinterfragen und eine Antwort gefunden wurde, ist jede Entscheidung, ob dafür oder dagegen, gerechtfertigt.

Eins

Normen können nicht alles

Ein historischer Blick zurück zu den Anfängen der menschlichen Zivilisation hat uns die Bedeutsamkeit der Normen deutlich gemacht. Damit einhergehen aber auch Normen, die das Leben der Menschen in der Vergangenheit eingeschränkt haben, sowie sie in der Gegenwart Menschen zurückhalten. Wir Menschen haben es geschafft, eine ganze Palette von sich negativ auswirkenden Handlungen zu kreieren und sie dann auch noch umzusetzen. So wie der Mensch auch positive Vorschläge hervorbrachte und etablierte. Die Norm ist wie eine Medaille. Sie hat zwei Seiten, die wir jeweils als gut und schlecht deklarieren. Das Positive maximieren und das Negative auf einem niedrigen Niveau halten* - was für eine angenehme Lebensphilosophie! Nicht nur auf der Ebene des Individuums, sondern auch rechtsstaatlich hat sich

* Wir leben in keinem Roman. Es wird wohl nie eine Welt geben, in der es nur Positives gibt. Wir gehen den Weg zwischen Ordnung und Chaos so geschickt, wie es uns möglich ist.

diese Idee durchgesetzt. In Deutschland steht die Würde des Menschen im Gesetz ganz oben. Jeder und jede ist frei zu tun und zu denken, was ihm oder ihr beliebt (die Norm). Manche Menschen holen ausgesetzte Hunde und Katzen von der Straße und geben ihnen ein Zuhause (die positive Seite). Andere Menschen nutzen ihre Freiheit, um anderen Menschen einen Schaden zuzufügen, durch etwa Raub, Gewalt o.Ä. (die negative Seite). Das Positive maximieren unsere Gesetze, die uns unsere Freiheit, unsere Würde garantieren und ebenso minimieren Gesetze, vor allem das Strafgesetzbuch, die negativen Aspekte, die die Norm mit sich bringt.

Ist es uns möglich, diese Philosophie mit der uns vorliegenden Norm in Einklang zu bringen, dann sollten wir dies tun. Es ist nicht nötig, eine Norm abzuschaffen, wenn ihre positiven Eigenschaften überwiegen. Sie sollte bestehen bleiben und bestenfalls verbessert oder, wenn notwendig, angepasst werden. Gleichsam ist es unser aller Aufgabe, eine Gesellschaft zu formen, in der Normen, die ein zu großes, überwiegendes negatives Gewicht haben, ein Ende finden. Mit jeder obsoleten negativen Norm kommen wir dem unerreichbaren Ideal näher, wir werden freier sein und zufriedener die Tragik des Lebens ertragen können. Es ist aber vor allem die Diskussion, das

Abwägen zwischen positiv und negativ, welches hier so essenziell ist.

Ich werde in diesem Part ein paar Normen kurz andeuten. Anders als im ersten Teil habe ich keine ausführlichen Beschreibungen parat. Es handelt sich hierbei um eine Übung. Ein Gedankenexperiment ohne Abschlusstest. Es gibt nur selten die eine Wahrheit. Sie müssen lernen, mit Ihrem Wissen und Gewissen Normen zu betrachten und selbst zu entscheiden, wie Sie dazu stehen. Ich werde hier nichts vorkauen und keine Meinung zu Papier bringen, dies habe ich im vorherigen Teil auch nicht getan*. Es liegt im Interesse aller, dass meine Ausführungen in Ihren Verstand übergehen (mit kritischen Denken Ihrerseits). Es muss zu Ihrem eigenen Wissen werden. Denn bei eigenem verankertem Wissen wird kein anderer als Quelle genannt, vor allem nicht bei trivialen Fakten. Die Erde ist nicht rund, weil mein Physiklehrer das gesagt hat, sondern weil die Beweislast erdrückend ist und ich selbst darüber nachgedacht habe. Schauen Sie selbst, welche Normen Sie in den kleinen Texten wiederfinden

---

* Die Normen »Geld, Sprache und Schrift« habe ich aus meiner Sicht objektiv beschrieben und es hat sich wie von selbst ein positiver Tonus gebildet, da sie einfach einen positiven Effekt auf die Entwicklung der Menschen nahmen. Die nun folgenden Normen kündige ich gewissermaßen als negativ an, dennoch möchte ich Ihnen mit nicht ausführlichen Worten die Möglichkeit rauben, sich eigene Gedanken zu bilden.

und reflektieren bzw. elaborieren Sie dazu Ihre Meinung. Dass die genannten Normen das Potenzial haben, als negativ eingestuft zu werden und ich es bei einigen sogar eindeutig tue, ist der anderen Seite der Normen geschuldet, die wir nun ergründen werden.

Abschließend ist noch folgende Tatsache mit zu berücksichtigen: Betrachten wir ein Geschehnis von außen und erkennen (grob gesagt) Ausbeuter und Ausgebeutete, Täter und Opfer, so ist unser Instinkt pauschal gestrickt. Wir gehen grundsätzlich davon aus, dass die Ausbeutung gestoppt und den Opfern geholfen werden muss. Grundsätzlich ist dies auch der richtige Ansatz, wenn unser Grundgedanke ist, dass wir grundsätzlich für Frieden und Fairness in unserer Welt sind. Diese Neigung eliminiert jedoch nicht die Komplexität von Situationen und Umständen. Bedenken Sie stets, dass davon ausgegangen werden kann, dass jeder Mensch zunächst eigene Interessen im Vordergrund seiner Handlungen sieht. Es gibt also auch aus Tätersicht eine Argumentation, die für die Tat spricht und sie rechtfertigen kann*. Sorgt eine Norm nicht für das Wohl vieler, so sorgt sie sehr wahrscheinlich für das Wohl weniger. Wobei die

---

* Verfallen Sie also nicht in Arroganz, wenn Sie eine Norm als negativ entlarven und einen „Täter“ finden. In jedem von uns steckt das Potenzial für Böses.

wenigen Profiteure extrem mächtig in zentralen Domänen sein müssen, um eine solche Norm aufrechtzuerhalten.* Es kann auch sein, dass die Menschen sich dem Befolgen der Norm nicht bewusst sind oder sich nicht trauen, sie zu verwerfen.

Sklaverei: Nicht Ausnahme, sondern Norm

Die Geschichte der Menschheit ist auch die der Sklaverei. Sie werden hier nichts von Rassismus, Kolonialismus, Vergewaltigungen, Morden und den vielen weiteren unmenschlichen Taten, die mit der Versklavung von Menschen einhergehen, lesen. Zudem werde ich nicht auf die einzelnen Unzumutbarkeiten eingehen, die in der Versklavung von Tieren eine Rolle spielen. Wobei die meisten Menschen doch sehr gutmütig mit ihren Haustieren umgehen und sie aufrichtig lieben. Inwieweit sich die negativen Aspekte der Sklaverei auf die betroffenen Wesen auswirken, ist nicht nur viel zu umfangreich, sodass ich diese hier nicht würdig und ausführlich genug beschreiben könnte, es ist vor allem nicht Gegenstand unseres Motivs. Es ist völlig ausreichend, eine Vorstellung von

* Siehe das gleich folgende Beispiel der Sklaverei.

den negativen Auswirkungen der Sklaverei zu haben. Auf der anderen Seite muss ich leider hinzufügen, dass enorm viele Menschen grundsätzlich von Sklaverei profitieren und profitiert haben. Heute wie damals. Ein Umstand, der Status-quo: die einen gewinnen, die anderen verlieren. Eigentlich doch ganz normal. Es muss nun mal jemand verlieren, damit jemand anderes gewinnen kann. Aber zu welchem Preis? Wie wäre es mit gewinnen, ohne dabei das Verlieren in die Hölle zu verwandeln?* Präsident Lincoln gilt als Bild der Abschaffung der Sklaverei in den 1860ern*. Wir sehen hier deutlich, wie negative Effekte die positiven um Längen schlagen. Wir Menschen können auch durch andere Formen der Zusammenarbeit Großes leisten. Aber Rassentrennung war zum Beispiel in den USA die Norm. Getrennte Schulen und Toiletten waren die Norm, der Standard. Erst mussten sie angezweifelt werden, bevor versucht werden konnte, sie zu zerschlagen. Die Argumente mussten richtig geordnet werden, damit es gute Chancen für das Durchsetzten des Vorhabens gab. Und am Ende können wir froh sein, dass die Argumente und der Wille es geschafft haben, diese Norm zu verabschieden. So soll es sein.

---

* Ok. Hier konnte ich mich hier nur schwer zurückhalten.
* Ein genaues Datum ist nicht nennbar. Es war ein Prozess, der sich über Jahre hinzog.

Einen Kopf kürzer

Die Französische Revolution war und ist noch heute von so großer Bedeutung, dass ich in ihrem Kontext das Adjektiv »französisch« groß schreiben muss. Je weiter wir in die Vergangenheit schauen, desto mehr Normen finden wir, die heute nicht mehr existent sind. Revolutionen per Definition sind geborene Normenzerstörer, während sie gleichzeitig ganz neue (hoffentlich bessere) schaffen. Die Menschen fanden sich in Normen wieder, die nicht zum Vorteil der Mehrheit waren, weswegen sie zerschlagen wurden. Die Messeinheit Meter entstand und nebenbei wurde die absolutistische Regierung einen Kopf kürzer gemacht. Wobei trennscharf unterschieden werden muss zwischen Umständen, die sich aufgrund von Technologien, wissenschaftlichen Erkenntnissen oder ähnlichem veränderten. Denn einige Normen, die unsere Welt charakterisieren, können wir nicht per Knopfdruck ändern. Die Elektrizität und Dampfmaschine mussten zunächst erfunden werden, damit sie die alten Normen ersetzen konnten. Andere Ideen haben sich in der Welt erprobt und sind gescheitert. Nationalsozialismus und Kommunismus wurden zur Norm, zum gemeinsamen Gedanken. Diese Ideologien haben etliche Millionen Tote auf dem

Gewissen.* Es muss unser aller Interesse sein, dass es die richtigen Argumente sind, die uns überzeugen, eine Norm anzunehmen oder zu verwerfen.

Genau um sechs

Patrick hat mit seiner Partnerin eine Uhrzeit vereinbart, zu welcher er wieder von der Arbeit nach Hause kommen würde. Mit einem Baby im Haus und Rechnungen, die bezahlt werden wollten, hatten beide ihre Aufgaben, die sie zu erfüllen hatten. Es schien alles perfekt zu laufen, doch Patrick versäumte es, seine Rolle gewissenhaft zu erfüllen. »Genau um sechs«, sagten sie sich jeden Morgen als Patricks Versprechen, sein Bestes zu geben und sicher wieder nach Hause zu kommen. Eine gerechte Rollenverteilung ist nur gerecht, wenn jeder seine Rolle erfüllt und nicht eine Person überproportionale Mehrarbeit leistet, ohne dafür eine Kompensation zu erhalten. Nun spiegelt die Geschichte aus SpongeBob Schwammkopf nicht exakt die Norm der traditionellen Rollenverteilung der arbeitenden Gesellschaft wider, aber dennoch empfand ich es als Mann der Kultur*

* Auch hier konnte ich leider nicht wertfrei bleiben. Ich bitte um Nachsehen und hoffe, dass Sie dennoch erkennen, dass es bei Normen oft Profiteure und Verlierer gibt. Nur wer ist in der Überzahl, wer unterliegt welchem Schicksal überproportional? Und gibt es eine bessere Lösung?

unabdingbar, diese Story zu bringen, nicht mehr und nicht weniger.

P.S.: Denken Sie daran, keine emotionalen Gedanken zu Normen wie dieser zu fassen. Bleiben Sie wissenschaftlich und objektiv. Hier eine Frage in diesem Kontext, die wohl als sehr wertvoll zu überlegen anerkannt werden dürfte. Vor allem wenn jegliche Ideologie oder vorab gefasste Meinung, Erziehung oder politische Korrektheit außer Acht gelassen wird: Hat das Einbringen der Frau in die Arbeitswelt ihr mehr Freiheit gegeben oder ihr sogar geschadet?*

Einsendungen meiner lieben Freunde

Ohne meine Freunde und Freundinnen mit Coverideen zu behelligen oder mit löchernden Fragen zu weiteren Normen ihre grauen Zellen zu stimulieren, würde dieses Buch nicht dasselbe sein. Irgendwie, irgendwo und irgendwann hätte ich das vielleicht auch allein

---

* Dieser Ausdruck ist recht einfallslos von mir aus dem Meme: »Ah, I see you´re a man of culture as well« genommen und übersetzt. Ein kurze Internetrecherche lohnt sich – zumindest für einen schnellen Lacher.

* Diese Fragestellung versucht Überlegungen anzuregen, die sowohl für als auch gegen die Norm der »typischen Rollenverteilung« sprechen könnten.

geschafft, aber ich habe sicherlich nicht die Weisheit mit Löffeln gegessen. Wir löffeln doch mehr oder weniger alle eine andere Suppe. Wir leben mehr oder weniger in unserer eigenen Blase. Privilegien sind unsichtbar für die, die sie genießen. Nun, Normen können für uns ebenfalls nicht aufzuspüren sein. Vor allem dann, wenn wir sie als Konstante mit Sinn in unserem Leben und Alltag wahrnehmen. Wird eine Norm als nicht kohärent empfunden (oder wenn wir anderweitig auf Unstimmigkeiten aufmerksam gemacht werden), dann stellen wir sie in Frage. In anderen Worten: Bei uns klingeln die Alarmglocken, wir denken uns: »Was soll das denn?« Und da wir hier über Normen reden, bedeutet dies Folgendes:

Normen werden durch die Mehrheit ins Leben gerufen bzw. am Leben gehalten. Die Mehrheit der Menschen muss die Norm als Konstante mit Sinn in ihrem Leben und Alltag wahrnehmen, sonst gäbe es sie nicht. Es sind die Individuen, die dafür zuständig sind, Normen in Frage zu stellen. Dabei zweifeln sie grundsätzlich nicht alle Normen an. Denn wir brauchen als Menschen eine Welt, in der Normen und damit auch Werte existieren. Wir brauchen Ordnung. Ein Mensch wirft manche Normen auf den Scheiterhaufen, welche nie mehr das Licht der Welt erblicken werden oder dies zumindest gewünscht wird. Aber wer sagt, dass wir

Normen nicht verwerfen, nur um sie im späteren Alter wieder vom Dachboden zu holen, wenn wir mehr Gedanken in sie investiert haben? Für das Individuum mag die Norm nicht mehr existent sein, zumindest nicht mehr bewusst, doch für die Mehrheit bleibt sie bestehen. Öffentliche Normen wie Sprachen und Währungen sind fester Bestandteil aller Menschen. Je mehr eine Norm das Potenzial hat, die individuelle Freiheit einzuschneiden, desto größer ist die Wahrscheinlichkeit, dass diese Norm vom Individuum um seiner Freiheit Willen abgelehnt wird. Wir setzen somit Normen in einer Hierarchie an, in der geregelt ist, was uns am wichtigsten ist.

Der Prozess, Normen zu verwerfen, beginnt mit dem Anzweifeln und Sich-Wundern. Stellen Sie sich diesen in etwa so vor:

»Eigentlich macht man das ja so, aber irgendwie mag ich nicht.« Der Nebensatz kann selbstredend mit jedem anderen Nebensatz ausgetauscht werden, der ebenfalls eine negative Konnotation besitzt: »Das fühlt sich nicht richtig an. Darauf habe ich keine Lust. Dem unterliege ich nicht. Wieso sollte ich das tun?« Das Individuum erkennt die Norm: »Eigentlich macht man das ja so...«, merkt danach jedoch an, dass es dem auf unerklärliche

Weise nicht zustimmen oder folgen will »…aber irgendwie mag ich nicht. Irgendetwas in mir sträubt sich dagegen. Was hat das zu bedeuten?«

Dies mag sehr wohl als Duschgedanke wie vom Himmel fallen oder aber eben genau dann eintreten, wenn sich eine Norm im direkten Erleben negativ darstellt. Bevor wir mit den Einsendungen meiner Freunde weitermachen, bitte ich Sie selbst um einige Minuten Bedenkzeit. Welche Normen zweifeln Sie an? Haben Sie dieses Gefühl der Unstimmigkeit in Ihrem Leben, egal in welchem Bereich, ebenfalls gespürt? Aufmerksame Lesende werden erkannt haben, dass wir auf den vorherigen Seiten mehr oder weniger öffentliche Normen zu Gesicht bekamen. Folgend wird es sich vermehrt um nicht öffentliche Normen handeln. Ob diese nun gut oder schlecht sind, habe ich nicht zu entscheiden (zumindest nicht im Kontext dieses Buches). Im Großen und Ganzen geht es auch um etwas anderes. Der Dialog, der Gedankenprozess ist das Zentrale. Seine eigene Meinung bilden. Normen sollte nicht blind gefolgt werden. Machen Sie Ihren eigenen Gedanken Platz und bedenken Sie, dass hier nur eine zufällige Auswahl an Normen aufgelistet ist, die von meinem Umfeld wahrgenommen werden.

- Ich habe dich eingeladen, jetzt musst du mich auch einladen
- Er hat mir zum Geburtstag gratuliert, jetzt muss ich ihm auch gratulieren
- Fahrschulautos hupe ich nicht an und setze sie nicht unter Druck
- Rolltreppe: rechts stehen und links gehen
- In Bus und Bahn lasse ich die Menschen erst aussteigen, bevor ich einsteige
- Wir müssen uns etwas zu Weihnachten schenken

Vielleicht bemerken Sie ebenfalls bei der ein oder anderen Norm, dass sich irgendetwas in Ihnen sträubt. Helfen die Normen uns, ein besseres Leben zu führen oder schränken sie uns ein? Stecken gewisse Normen in uns, die hier so oft genannte Gefängniszelle? Entscheiden Sie selbst, kommunizieren und diskutieren Sie darüber. Der Diskurs über richtig und falsch bringt uns weiter. Geben Sie Ideologien auf und lernen Sie, Etabliertes in Frage zu stellen und es gleichzeitig zu verteidigen. Allein der Diskurs ist es, der uns erkenntlich macht, inwiefern die besprochenen Normen noch in den Zahn der Zeit passen und insgesamt besser oder schlechter für unser weiteres Leben sind. Vielleicht machen Sie Dinge nur, weil sie die Norm sind. Es mag sein, dass Sie die ein oder andere Norm verwerfen müssen, nachdem Sie bewusst darüber nachgedacht haben, inwiefern Normen sich nicht in Einklang mit Ihnen selbst bringen lassen. Vielleicht sollten Sie nicht studieren, sondern sich selbstständig machen.*

* Dies ist nur ein Beispiel. Es gibt vielleicht Normen, bei denen Sie spüren, dass diese nichts für Sie sind.

Zwei

Das Puzzle zusammenfügen

Auch wenn Forests* Mutter Recht hatte, als sie sagte, dass das Leben wie eine Schachtel Pralinen sei, so ist das Leben ebenso ein Puzzle. Ein Wirrwarr aus Entscheidungen und Ereignissen, die uns aus der Bahn werfen und überfordern (oder mindestens das Potenzial dazu haben). Wir werden geboren und uns wird nur das Sterben garantiert. Eine kurze Zeitspanne innerhalb der unendlichen Weiten eines Universums, eingebettet in Zeit und Raum. »Was soll ich machen? Wo soll ich hingehen? Was für ein Mensch möchte ich sein?« Lose Puzzleteile, die verstreut und ohne Zusammenhang auf dem Boden liegen. Unsere Aufgabe (freiwillig, aber mit der Konsequenz eines Lebens ohne Sinnhaftigkeit bei nicht wahrnehmen dieser Aufgabe) ist es, diese Puzzleteile zusammenzufügen, sodass am Ende ein sinniges Bild entsteht. Wer dies nicht schafft, hat auf dem Sterbebett mit Reue zu kämpfen, einem der wohl

* Anspielung an den Film »Forrest Gump« aus dem Jahr 1994-

unangenehmsten Endgegner. Fair und einfach ist das Ganze nicht, denn auch wenn wir Freunde und Familie haben, die uns mit all ihren Mitteln nur zu gerne unterstützen, müssen wir meist alleine puzzeln. Sie haben nämlich ebenfalls zu puzzeln, wobei wir selbst auch gerne eine helfende Hand bieten.

Gleichwohl ich am Anfang dieses Buches Ziele formulierte, die sich auf den Inhalt des Werkes bezogen, habe ich übergeordnet die Absicht, den Lesenden Werkzeuge in die Hand zu geben, die ihnen das Puzzeln erleichtern. Ein Werkzeug ist es, die Welt sowie die Menschen verstehen zu können*. Zusammenfassend würde ich das Werkzeug als Bildung betiteln. Dazu gehören Bücher wie dieses oder zum Beispiel (eine dringende Empfehlung meinerseits) »The Righteous Mind. Why good people are divided by religion and politics« von Jonathan Haidt. Selbstverständlich bin ich kein Experte auf dem Gebiet des Puzzelns, dennoch möchte ich meine Liste (wobei diese ziemlich sicher nicht komplett ist) an Werkzeugen teilen, die, richtig eingesetzt, sehr helfen können:

---

* Ob wir die Welt in ihrer Gesamtheit und ihrer schier unendlichen Komplexität je komplett und ohne Widersprüche als sinnig oder stimmig verstehen werden, bleibt abzuwarten. Ein Werkzeug parat zu haben, welches zumindest diesen Versuch erlaubt, ist zum nicht garantierten Erfolg unerlässlich. Ohne dies ist eine Niederlage garantiert.

1. Mentale und physische Gesundheit
2. Liebe (Familie, Freunde, intime Beziehung)
3. Bildung (Erfahrung, Wissen, Kompetenz)
4. Religion und/oder Spiritualität
5. Ziele/Bestimmung/Ambitionen

Der Bildungsauftrag, den ich mir selbst auferlegt habe zu erfüllen, schärft meine eigenen Werkzeuge drei und fünf, wenn nicht sogar noch eins und vier. Mögen auch Sie die Ressourcen haben, die Sie durch den Tag bringen. Eigenständige Gedankengänge, die auf Fakten und der Realität basieren.

Integrität, Souveränität und Stabilität

Es ist die Norm, Normen zu befolgen. Wer eine Norm nicht mehr befolgt, stellt sich gegen die Meinung der Mehrheit, dass diese befolgt werden sollte, wie es die Mehrheit eben tut. Es gibt drei Gründe, weshalb wir Normen befolgen:

- Wir müssen einer Norm folgen
- Wir wollen einer Norm folgen
- Wir folgen einer Norm, ohne uns dessen bewusst zu sein

Es betrifft allen voran die öffentlichen Normen, die befolgt werden müssen. Wer Diesel in Deutschland vertreiben möchte, muss sich an die in diesem Kontext festgeschriebenen Normen halten. Menschen, die in dieser Ordnung einen Stillstand sehen, haben die Möglichkeit, diese Norm herauszufordern. Sie erfinden beispielsweise E-Fuels. Doch auch in Zukunft werden diese genormt sein. Aber der Vertreiber von Diesel muss sich an die Normen halten, wenn er denn vertreiben will. Solchen Normen komplett zu entgehen ist nicht möglich. Sie ordnen unser Leben und haben ihre Daseinsberechtigung, sollten aber, etwa durch E-Fuels, stets herausgefordert werden.

Die Normen, die wir verlassen könnten, sie aber weiterhin befolgen, werden von der Mehrheit entweder bewusst befolgt oder unbewusst nicht abgelehnt. Es handelt sich um die nicht öffentlichen Normen. Entweder will ich beim Bäcker morgens das Personal freundlich begrüßen und sage: »Guten Morgen.« Oder ich will es nicht bewusst, mache es aber dennoch, sozusagen aus Gewohnheit. Um eine gefestigte Überzeugung, Normen zu befolgen, umzukehren, bedarf es starker Argumente. Da jedoch keine starken Argumente gegen das »Guten Morgen« beim Bäcker sprechen, werden überzeugte Menschen weiterhin freundlich ihren Tag beginnen. Eine gute Norm, für die es gute Argumente gibt, bleibt bestehen[*]. Perfekt[†]. Der unbewusste Normenbefolger muss zunächst auf sein Verhalten aufmerksam gemacht werden. Daraufhin steht die Entscheidung für oder gegen die Norm an. Es sollte eine Abwägung der Pro- und Contra-Argumente stattfinden. Möge das bessere Argument gewinnen. Wird sich gegen die Norm entschieden, bleibt diese natürlich bestehen. Die Mehrheit verliert ein Individuum, welches nun einen anderen Weg geht. Aber ein Problem hat die Mehrheit nun:

Um es einfach und prägnant (dazu noch überspitzt) zu sagen, ist es ein dicker Mittelfinger an die Mehrheit, wenn eine Norm bewusst gebrochen wird. Im Grunde machen wir den Menschen deutlich, dass wir mehr wissen als sie, dass sie falsch liegen und damit lassen wir sie dumm dastehen. Es geht also nicht direkt um die Norm und ihren Inhalt, sondern um die Menschen und ihr verletztes Gefühl. Falsch zu liegen ist etwas, das nur die wenigsten abhaben können. Dies betrifft vor allem die Normen, die befolgt werden, ohne dass die Menschen einen großen Gedanken an sie

[*] Sie können diesen Satz auch abändern, wenn es sich um eine Norm handelt, die die Menschen, die sie betrifft, nicht bereichert. Die Norm der Rassentrennung in den USA wird abgeschafft, da für sie keine guten Argumente besteht. Perfekt.

[†] Ich hoffe wir sind uns einig, dass diese Norm eine gute ist.

verschwendet haben. Es wurden keine Für- oder Wider-Argumente abgewogen. Vielleicht wurde davon ausgegangen, dass die Norm zu befolgen keine schlechte Idee sei oder dass es die Norm ist, der Norm zu folgen (der genaue Grund kann natürlich variieren). Macht nun jemand etwas anderes, dann wird diese Vorstellung in Frage gestellt*. Es gilt hier das sich immer wiederholende Mantra: Wir können Normen befolgen oder auch nicht. Wir sollten nur stets wissen, weshalb wir uns für das eine oder das andere entschieden haben.

Um dem Ganzen eine bildliche Untermalung zu bieten, die das Verständnis erleichtert, kommt hier die Essenz dieses Buches, eine Diskussion:

Es ist eine Norm, die eigenen Haare eher nicht bunt, wie blau oder grün, zu färben. Gibt es dazu wohl überlegte Argumente, die einer offenen Diskussion standhalten könnten oder lautet das Argument nur, dass so etwas einfach nicht gemacht wird? Die, meist

---

* Dies ist eine überspitzte Darstellung, so wie es keine Abbildung der kompletten Vorgänge ist, die sich bei einem Normenbruch abspielen können. Es ist lediglich eine Möglichkeit bzw. ein Grund, wieso Menschen abgeneigt auf Normenbrüche reagieren. Eine Idee meinerseits, die sich aus persönlichen Erfahrungen und Menschenkenntnis entwickelt hat, die ich aber dennoch für eine Komponente der Realität halte. Wir erkennen hier deutlich, wie unerforscht das gesamte Thema ist und hier keine tadellose wissenschaftliche Abhandlung zu einer sehr gut verstandenen, etablierten Materie entstehen kann.

jungen, Haarfärber werden häufig als Rebellen oder missverstanden betrachtet. Und zwar von den Menschen, die sich treu der Norm hingeben. Es wird selten ein Verständnis für die Entscheidung des Individuums aufgebracht, da kein eigener Gedanke aufkam, die Norm in Frage zu stellen (die Möglichkeit, dass Menschen gerne recht grundlos kritisieren, ist ebenso zu beachten). Nach etwas Überlegung kann ich keine widerstandsfähigen Argumente für diese Norm finden, was allerdings nicht heißt, dass ich meine Haarfarbe ändern würde. Explorieren wir das Ganze exemplarisch gemeinsam: Wieso sollte Person X ihre Haare nicht grün färben? Ich kann mir vorstellen, dass das Färben von Haaren keine Wohltat für Kopfhaut und die Haare selbst ist. Es kostet Geld und ist damit eine Investition, die nicht offensichtlich monetär ratsam ist. Aber darüber hinaus fallen mir keine Argumente ein. Zumindest keine, die nicht mit Normen in unserer Gesellschaft zu tun haben. Leute schauen einen komisch an. Leute behandeln einen anders. Vielleicht folgt eine Benachteiligung beim Jobinterview. Insgesamt sinkt die soziale Akzeptanz. Sie sinkt, weil eine Norm missachtet wird. Die soziale Akzeptanz mag aber in einer ähnlich denkenden Peergroup sehr wohl steigen. Wir mögen meist die Menschen mehr, die ähnlich denken und handeln wie wir selbst. Haben andere Menschen gute Gründe für ihr Denken und Handeln, respektieren wir sie.

Es ist eine Norm, die schon lange existiert und erst seit der Erfindung von Haarfärbemitteln missachtet werden kann. Wir sind natürliche Haarfarben wie z.B. blond, braun, schwarz usw. gewöhnt. Sie sind die Norm und alles, was dagegen geht, ist ein natürlicher Feind, da er die Existenz der Norm bedroht. Es ist also nicht die Farbe, die uns stört, auch wenn wir im Alltag genau damit argumentieren. Es gibt, nach meinen Überlegungen zumindest, keine starken Argumente, die gegen eine Buntfärbung der Haare sprechen. Schauen wir uns vor einem abschließenden Fazit die andere Seite an. Wieso sollte Person X ihre Haare grün färben? Eine gute Frage, auf die ich bei erstmaligen Stellen (ich habe mir die Frage vorher nie ernsthaft gestellt) keine Antwort finde, lediglich ein paar unschuldige Vielleicht's. Vielleicht gefällt jemandem die eigene aktuelle Haarfarbe nicht. Was selbst beim Zutreffen kein starkes Argument wäre, da weiterführend die tatsächlichen Beweggründe des Nicht-Gefallens erörtert werden müssten. Vielleicht geht es darum, anders zu sein als die meisten Menschen. Vielleicht soll ein Zeichen gesetzt werden, dass es auch anders als der Status quo geht. Doch merken Sie es? Wir kommen auch hier auf Normen zurück. Ich finde keine guten Beweggründe, sich die Haare grün zu färben, außer dem Normbruch als Exempel. Selbstverständlich mag es der Person auch einfach gefallen. Aber da die meisten Menschen keine bunten Haare haben, kann davon ausgegangen werden, dass dies nur bei wenigen der Fall ist. Oder die Norm hält viele Leute davon ab, da sie gewisse Konsequenzen fürchten. Es ist schon fast die Frage nach der Henne und dem Ei und was zuerst da war*. Färbe ich mir nicht die Haare, weil ich keine Lust darauf habe, und daraus wird eine Norm oder ist es eine Norm und ich färbe sie mir deshalb nicht? Für meinen Teil plädiere ich für Letzteres. Kommen wir nun aber zu etwas mehr Grundsatztheorie:

Kinder werden in bestehende Normen hineingeboren. Sie werden sozialisiert und überstehen den Kindergarten tendenziell ohne gravierende Konflikte. Doch dann kommt die Grundschule. Und wenn dort keine Probleme mit den etablierten, wahllos erscheinenden Regeln auftauchen, tritt oft ein Konflikt in den darauffolgenden Schulstufen ein. Seltener sind

---

* Das Rätsel der Henne und des Eies ist übrigens gelöst. Das Ei kam zuerst. Gelegt wurde es von einem Vogel, den wir nicht Henne nennen. Aus dem Ei schlüpfte dann die erste Henne. Es ist Evolution in schnell. Aber dennoch bleibt die Idee der Frage von großer Bedeutung.

Kinder den Normen des Schulalltags perfekt konform. Es sind meist die Jungen, die mit den für sie arbiträr erscheinenden Schulregeln Probleme haben. Wer nicht selbst dieses Kind war, welches häufiger Probleme mit den Schulnormen hatte, dann war es entweder in der eigenen Klasse oder Parallelklasse zu finden. Wir werden später noch lernen, dass manche Kinder bzw. Menschen allgemein mehr oder weniger dazu prädestiniert sind, den Normen den Kampf anzusagen*. Hier muss trennscharf unterschieden werden: Wenn ein Kind hyperaktiv ist, dann wohl eher, weil die Norm des Stillsitzens der Schule es als solches definiert. In diesem Kontext viel wichtiger ist der Umstand, dass kein Siebenjähriger in vollem Bewusstsein eine Norm bricht. Er kippelt nicht auf dem Stuhl, weil er dieses Verhalten als adäquate Form des Protestes gegen die Schule als Kreativitäts- und Individuentötendes System hält, sondern weil er seiner Energie ein Ventil gibt. Auch kann es der Fall sein, dass bestimmte Normen einfach nicht bekannt sind und sie daher nicht befolgt werden können. Andere Länder haben andere Sitten und wer diese nicht kennt, kann sehr schnell eine Norm missachten. Nicht mit böser Absicht, sondern mit unschuldigem Unwissen. Dieser, eher unbewusste, Akt

* Erlauben Sie mir hier, die in diesem Buch selten vorkommende bildliche Sprache. Auf die Unterschiede zwischen den zwei Geschlechtern werde ich nicht eingehen.

des Normenbruchs steht dem bewussten gegenüber. Das Beispiel wurde kurz vorher bereits ausführlich diskutiert. Allgemein ist davon auszugehen, dass ein Mensch, bevor es zu der bewussten Entscheidung kam, eine Norm zu brechen, irgendeine negative Erfahrung mit der entsprechenden Norm oder Normen im Allgemeinen hatte. Was diese negative Erfahrung im Detail und Einzelfall konstituiert, ist hier nur oberflächlich zu beschreiben. Es mag sein, dass negative Auswirkungen auf das persönliche freie Ausleben des Selbst oder auf die Freiheit der Gesellschaft erkannt wurden, welche eine Ablehnung der Norm forderten. Es mag eine individuelle und persönliche schlechte Erfahrung mit einer spezifischen Norm sein, die einen dazu veranlasst, der Norm den Rücken zu kehren. Demnach kann das Färben der Haare oder das Piercen der Nase ein allgemeines Statement sein, welches der Welt zeigt, in welchem Verhältnis die Person zu den Normen der Gesellschaft steht. Wie genau dieses Verhältnis präzise zu beschreiben ist, sollte nicht vermutet, sondern erfragt werden. Nur weil jemand ein Nasenpiercing hat, ist diese Person nicht unbedingt ein normenloser Rüpel*. Aber eine vollkommene positive Beziehung zu Normen

* Eine seltene Hyperbel.

wird wahrscheinlich auch nicht vorzufinden sein. Aber wie dem auch sei; ich hoffe, dass diese Ausführung die Sicht etwas klarer gemacht und die Komplexität der Thematik verdeutlicht hat.

Am Ende stehen wir da, ohne eine konkrete Antwort, die sich wie eine Blaupause auf alle Situationen legen lässt. Es ist möglich, einer Norm kritisch gegenüberzustehen, aber sie dennoch zu befolgen, wenn dies gewünscht ist. Eine Norm kann missachtet werden, auch wenn sie zuvor anerkannt wurde. Denn hier ist der springende Punkt und die wahrscheinlich wichtigste wahre Idee der Menschheit. Das Individuum ist souverän. Das Individuum trifft seine eigenen Entscheidungen, teilweise bewusst, doch meist unbewusst. Deswegen ist das Auseinandersetzen mit Normen und ihren Pro- und Contra-Argumenten von großer Bedeutung.

Das Individuum entscheidet, ob es sich die Haare färben lässt. Hatte es satt, in einer Welt zu leben, die ihm sagt, was es zu tun hat? Hatte es einfach Lust auf eine Veränderung? Wer kann das schon beantworten? Dass Menschen stets eine Meinung bilden und diese gerne kundtun, können wir nicht verhindern. Beschäftigen wir uns aber kritisch mit Normen und haben die Fähigkeit, die Entscheidung eines

Individuums nachzuvollziehen, auch wenn wir Befürworter der Norm sind, dann betiteln wir das Individuum nicht als Rebell, sondern überlassen ihm sein souveränes Leben. Womit wir einen Schritt näher an wahre Freiheit kommen (was auch immer diese im Detail konstituiert).

Anders ist es bei Normen, bei denen sehr wohl gute Gründe für ihre Existenz bestehen. Beispielsweise die Norm, dass wir in Gesprächen niemanden unterbrechen und jeden ausreden lassen. Wer diese Norm bricht und einem anderen ins Wort fällt, verärgert sein Gegenüber zwar nicht, weil er sich als Rebell zu erkennen gibt oder als Idioten dastehen lässt, weil er eine veraltete Norm befürwortet. Allerdings verspüren wir etwas Intuitives, etwas, dass sich gegen unser Wesen sträubt. Das Unterbrechen nimmt dem Menschen die Chance, seinen Gedanken zu äußern*. Wer seine Gedanken nicht frei äußern kann, kann seine Person nicht ausleben, was sich fundamental gegen die Würde, dem Kern des Daseins des Menschen richtet. Alles, was der Mensch zu seiner Lebzeit erreicht hat, hat er mit Diskurs und freier Meinungsäußerung erreicht. Seine Missetaten, wie z.B. Nazi-Deutschland, hatten in ihrem

---

* Jemanden zu unterbrechen bedeutet natürlich nicht, ihm für immer den Mund zu verbieten.

Kern eine Unterdrückung der freien Meinungsäußerung. Dies zeigt, wie elementar es ist, zu erkennen, wann eine Norm Gutes tut und wann sie in die falsche Richtung lenkt. Insgesamt gesehen geht es den Normbrechern meist nicht um richtig oder falsch im absoluten Sinne*.

Viel häufiger trifft ein Individuum die Entscheidung, sich nicht mehr den Gegebenheiten einer Mehrheit zu unterwerfen. Ein Verhalten, was die Mehrheit grundsätzlich nicht befürworten kann. Denn sie besteht nun mal aus Individuen, die sie nicht verlieren darf, wenn sie bestehen bleiben will. Geht es um wichtige Normen, die die Integrität, Souveränität und Stabilität von Individuen und Gesellschaften wahren, liegt es in unser aller Verantwortung, diese zu erkennen, zu würdigen und zu beschützen. Gleichzeitig gibt es Normen, die keinerlei Einfluss auf diese Fundamente haben und lediglich das Individuum in seiner Souveränität einschränken. Hier sollten wir gut durchdacht vorgehen und dem Individuum eine helfende Hand sein, die ihm seine Freiheit garantiert. Und, als letzten Schritt, dieser Norm entgegentreten.

---

* Wer kann schon von sich behaupten, dass er die gesamte Komplexität der Welt berücksichtigt hat, bevor er zur Schlussfolgerung für richtig oder falsch kam. Vielleicht ist auch diese Aussage falsch, weil sie sehr zugespitzt und absolutistisch formuliert ist.

Wichtig an dieser Stelle ist anzumerken, wie wichtig es ist, eigenständige Gedanken zu bilden. Sie werden hier nicht die absolute Wahrheit lesen, lediglich meine durchdachten Auffassungen, die hoffentlich helfen, das Thema selbstständig zu überdenken. Eventuell ist so der Faden durch Gemeinsamkeiten und Unterschiede leichter zu finden. Erweitern Sie Ihren Horizont, denn ich bin überzeugt, nicht jeden möglichen Blickwinkel auf das Thema richten zu können.

Jeder hat Recht, nur nicht zur gleichen Zeit

Ziel und Anspruch dieses Werkes ist es, mündige Menschen hervorzubringen, die gut informierte, objektive Entscheidungen treffen können, ohne dabei von Verzerrungen und Augenscheinlichkeiten aufs Glatteis geführt zu werden. Deshalb ein letzter Exkurs, welcher in der heutigen Dynamik immer mehr an Relevanz gewinnt.

Menschliche Beziehungen gehen, so wie ich das sehe, aufgrund von drei primären Faktoren zugrunde: Wir streiten gerne oberflächlich darüber, ob auf eine Pizza Ananas gehört oder nicht, aber Liebe, Religion und Politik sind Domänen, die Kriege auslösen. Von der

Liebe habe ich bereits viel erzählt, die Religion bleibt von mir unberührt, da sie nur jeden einzelnen persönlich etwas angeht, doch die Politik bleibt ein interessantes Thema für mich. Dabei will ich gar nicht auf politische Inhalte eingehen, sondern eine Brücke schlagen, die politische Lager, menschliche Persönlichkeiten und Normen verbindet und zugänglich macht.

Schauen wir uns daher zunächst an, wie die menschliche Persönlichkeit mit den „Big Five“ erklärt werden kann.

Die fünf Hauptdimensionen der Persönlichkeit (OCEAN)[7*]:

- Openness - Offenheit
- Conscientiousness - Gewissenhaftigkeit, Perfektionismus, Pflichtbewusstsein
- Extraversion - Geselligkeit

[*] Persönlichkeitsstudien, die tausenden von Menschen hunderte von Fragen stellten, wurden durch Statistik und Computermodelle ausgewertet, wodurch Persönlichkeitsmodelle entstanden. Antworten gruppierten, was beispielsweise bedeutet, dass ein Ja bei Frage A oft auch ein Ja auf Frage K für eine bestimmte Anzahl an Teilnehmenden bedeutete und man so Gemeinsamkeiten der Fragen entdeckte. Führt man diese statistische Arbeit vollumfassend durch, dann entstehen bei Fragen zur Persönlichkeit Gruppen, zu denen man diese zuordnen kann. OCEAN mit seinen fünf Gruppen ist kulturübergreifend stabil. Ein Test ist im Internet schnell zu finden und sehr interessant, zumindest wissenschaftlicher als Horoskope.

- Agreeableness - Verträglichkeit, Kooperationsbereitschaft
- Neurotocism - emotionale Labilität, Verletzlichkeit

Menschen variieren in jeder Dimension auf einer Skala von schwach zu stark. Folgend in ihrer stark ausgeprägten Form beschrieben, als Hyperbel, da dies am einfachsten und anschaulichsten und dem Grundverständnis zuträglich ist. Wenn eine Dimension schwach ausgeprägt ist, dann ist die gegenteilige Beschreibung anzuwenden. Beachten Sie, dass die folgenden Beschreibungen lediglich für das Grundverständnis formuliert sind und nicht die völlige Bandbreite der fünft Hauptdimensionen der Persönlichkeit abbilden[7].

1. Openness - Ihnen geht es um neue Bereiche, Erfahrungen und Erlebnisse. Sie sind kreativ, offen für Neues und reißen gerne Mauern ein.
2. Conscientiousness - Sie sind sehr ordentlich und fleißig. Sie gehen sehr gewissenhaft und überlegt vor.

3. Extraversion - Sie wollen da sein, wo die Party steigt, sie erzählen Witze und wollen Leute um sich herum. Assoziiert mit positiven Emotionen.
4. Agreeableness - Sie sind sehr emphatisch und geben sich gerne für andere her, können kaum Nein sagen. Sie kämpfen für andere, aber nicht für sich selbst.
5. Neurotocism – Sie sind sehr anfällig bzw. sensitiv für negative Emotionen und emotional nicht stabil. Negative Emotionen kommen schnell und bleiben länger.

Menschen sind auf den Skalen genetisch präpositioniert, wenngleich das Umfeld Einfluss auf die Position auf den Skalen haben kann. Aber so sind unsere Charaktere grundsätzlich gestrickt. Und auch hier gibt es per se kein richtig oder falsch. Wir Menschen unterscheiden uns wenig bis moderat in der Masse und stark in den Extremen, eine typische Normal- oder Gauß-Verteilung. Und das Interessanteste findet in den Extremen statt. Dies wurde bereits im Kontext von Ordnung und Chaos anhand des Beispiels Aggression besprochen, jedoch nicht passgenau zu diesem Kontext. Die wenigsten

Menschen sind extrem »agreeable« bzw. »disagreeable«. Die meisten bewegen sich in der Mitte der Skala, mit einer Neigung zu der einen oder anderen Seite. Unabhängig davon sind bestimmte Charaktereigenschaften in unserer heutigen Welt grundsätzlich nicht mehr von Vorteil als andere. Zumindest zu bestimmten Zeitpunkten nicht. Menschen verhandeln besser ihr Gehalt, wenn sie eher »disagreeable« sind als »agreeable«. Sie streiten aber auch häufiger, da sie weniger einsichtig sind. Wenn Sie alleine in einer Wohnung leben, ist es von Vorteil, die Eigenschaft der Ordentlichkeit Ihr eigen nennen zu können. Aber wenn Sie vorhaben, ein disruptives Start-Up zu gründen, dann ist es von Vorteil, offen zu sein und nicht an alten Strukturen festhalten zu wollen. Es kommt einfach drauf an, was Sie wollen und welche Situationen das Leben Ihnen vor die Füße legt. Der Kontext, der Zeitpunkt ist genau das, was wir im Hinterkopf behalten sollten, wenn wir diese Hauptdimensionen der Persönlichkeit mit dem politischen Spektrum in Verbindung bringen.

Vorab ist zu sagen, dass ich die Begriffe links und rechts nicht verwenden werde, sondern synonym (soweit dies überhaupt möglich) die Begriffe liberal und konservativ. Im deutschen Kontext verstehen wir unter liberal vor allem freiheitlich denkend, was im derzeitigen Bundestag die FDP verkörpert. Dies meine ich in folgenden Ausführungen nicht. Sie folgen den Begriffsverwendungen in den USA.

Liberale stehen für die Menschen ein, die am unteren Ende von Hierarchien stehen. Sie kämpfen für die Menschen, die von Ungleichheit unterdrückt werden. Sie punkten stark in Openness und schwach in Conscientiousness, besonders in Ordentlichkeit. Sie sind kreativ und neigen dazu, Regeln zu brechen. Konservative wollen bewahren (konservieren) und stehen für Hierarchien. Sie machen sich anders als die Liberalen nicht für Gleichheit, sondern für Proportionalität stark. Sie punkten schwach in Openness und stark in Conscientiousness, besonders in Ordentlichkeit. Sie sind organisiert und finden es wichtig, sich an die Regeln zu halten[7]. (Zu diesem Thema empfehle ich wieder »The Righteous Mind« von Jonathan Haidt.

Wir erleben also verschiedene Persönlichkeiten und verschiedene politische Richtungen, die sich auf Spektren mit extremen Endpunkten bewegen. Zu bestimmten Zeitpunkten wird das Leben einfacher oder schwieriger, je nachdem, wo die eigene Position auf der Verteilung liegt. Jede Eigenschaft weist Vor- und

Nachteile auf. Weder gibt es die richtige Mischung an Ausprägungen der fünf Hauptdimensionen der Persönlichkeit, noch gibt es eine richtige politische Ausrichtung. Stark vereinfacht gesagt: Liberale sehen die Chance, Konservative das Risiko* und beide Einstellungen sind korrekt und angebracht. Es kommt auf den Zeitpunkt an.

»You need liberals because now and then the right thing to do is to come up with something new. And you need conservatives because now and then the right thing to do is to do what everybody has always done. And the reason you need political dialogue is so the liberals and the conservatives can continue to argue about which of those solutions is appropriate right now. […] the deep point of free speech is […] the discussion that keeps us centered […] so we don't fall of the sides«[7].

Menschen sind nicht gleich. Menschen, die einer arbiträren Gruppe (Geschlecht, sexuelle Orientierung, Ethnie usw.*) angehören, sind nicht gleich. Wir haben verschiedene Ansichten und Meinungen. Und da es fast

---

* Eine vereinfachte Darstellung, die aufgrund der Komplexität und Vielfalt des Kontextes nicht immer zutrifft und deshalb mit Vorsicht zu genießen ist, aber dennoch grundsätzlich zutreffend ist.
* Es scheint keine Grenze zu geben, wie wir Menschen uns gegenseitig klassifizieren.

nie eine perfekte Wahrheit gibt, müssen wir stets im Dialog bleiben und dürfen nicht davon ausgehen, die eigene Sichtweise sei die richtige. Wir erkennen, dass manche Menschen aufgrund von Persönlichkeit und politischer Richtung eher dazu neigen, Normen grundsätzlich zu befürworten. Und andere Menschen neigen dazu, Normen grundsätzlich in Frage zu stellen. Beide haben Recht und nur weil unser Gehirn dies oftmals nicht verstehen kann, heißt das nicht, dass es nicht wahr ist. Die Welt ist nicht schwarz-weiß. Was für eine befreiende Nachricht! Denn das bedeutet, dass es sich immer lohnt, sich individuell auszuleben. Ein Individuum ist nicht seine Gruppe. Zu denken, dass alle Menschen, die einer arbiträren Gruppe angehören, gleich sind* und dass diese Gruppenidentität an erster Stelle steht, führt unweigerlich zur Tragödie. Wäre die Gruppenidentität das Einzige, was zählt, ginge das Individuum verloren. Aus einer Person mit Persönlichkeit und Individualität wird eine Gruppe. An Gruppenzugehörigkeit ist grundsätzlich nichts auszusetzen. Aber wird die Gruppenidentität zum

* Es hat sich beispielsweise der Eindruck verbreitet, dass Barack Obama eine Revolution in der amerikanischen Politik für schwarze Amerikaner einleitend würde. Faktisch hat Obama nichts Übermäßiges oder besonders Außergewöhnliches für die schwarze Community in den Vereinigten Staaten getan. Nur weil er schwarz ist, heißt das nicht, dass er (nur) die Interessen von schwarzen Menschen repräsentiert. Nur weil mein aktueller Bundeskanzler weiß ist, hat er nicht unbedingt meine Interessen im Blick. Menschen, die einer arbiträren Gruppe angehören, sind nicht gleich.

Nonplusultra, geht die Balance verloren, droht das System zu kippen. Überlegene Gruppenidentität ist das, was wir von Rassisten kennen. Ist eine Sache überlegen, dann liegt eine andere Seite unweigerlich darunter.

Im Nazi-Deutschland wurde es zur Norm, zu denken und zu handeln, wie es die Nazi-Agenda vorlebte, die selbst zur Norm wurde. Die freie Wahl, sich gegen die Norm zu stellen, war nicht wirklich gegeben*. Extrem gesagt: Entweder wurde die Norm akzeptiert oder es konnte nicht mehr sein normales Leben gelebt werden*. Ja, die Normen der Nazis haben viel erreicht. Zumindest haben die Normen vieles für die Nazis möglich gemacht. Wie bereits erwähnt ist es die Norm, Normen zu befolgen. Aber eine Gesellschaft in Freiheit lässt nicht zu, dass die Gedanken der Gesellschaft unfrei werden. Deswegen ist es von großer Bedeutung, Normen nicht blind zu folgen. Es ist das freie Überlegen, das kritische Denken, was uns Freiheit gibt. Danach ist es die eigene Entscheidung, sich einer Norm hinzugeben oder nicht. Das bedeutet auch, dass die

---

* Dazu ist zu sagen, dass ein solches Regime nie nur top-down etabliert wird.

* Bedenken Sie, dass hier sehr viel vereinfacht wurde. Es liegt mir fern genauer über Normen und den Nationalsozialismus zu schreiben. Aber Normen entstehen nur, wenn sie eine Mehrheit haben.

Entscheidung der anderen Seite anerkannt werden muss und ihr die Freiheit gelassen wird, zu entscheiden. Egal welche Persönlichkeit, politische Richtung Sie haben, Sie sind frei in Ihren Entscheidungen. Egal in welche Gruppe Sie gesteckt werden könnten, wachsen Sie über dieses Bild hinaus, denn Sie sind mehr als das. Sie dürfen natürlich stolz darauf sein, Ihrer Gruppe anzugehören, aber realisieren Sie, dass Sie mehr sind als Ihre Gruppe. Verstehen Sie sich selbst, durch Lesen, durch Meditation oder was auch immer Ihnen hilft.

Im folgenden Verlauf werden wir nochmal auf eine Gefängniszelle zu sprechen kommen. Aber die zuvor besprochene Zelle, die Einschränkungen, die wir durch Normen erfahren können, ist Ihnen hoffentlich ersichtlich geworden.

Wichtig ist, an dieser Stelle anzumerken, wie wichtig es ist, eigenständige Gedanken zu bilden. Wir werden hier nicht die absolute Wahrheit lesen, lediglich meine durchdachten Auffassungen, die hoffentlich helfen, das Thema selbstständig zu überdenken. Eventuell findet man so leichter den Faden durch Gemeinsamkeiten und Unterschiede. Erweitern Sie Ihren Horizont, denn ich bin überzeugt, nicht jeden möglichen Blickwinkel auf das Thema richten zu können.

Drei

Wann die Ordnung weichen sollte

Bereits 2014 schrieb die Band *SDP* über die Idee, sich selbst nicht im Weg zu stehen. Oberflächliches Nachdenken führt zur Erkenntnis des zunächst Offensichtlichen und Trivialen. Aber ein zweiter genauerer Blick lohnt sich, denn tatsächlich kommt es oft vor, dass der Mensch nicht in seinem besten Interesse handelt. Vielleicht hat er die Zukunft noch nicht komplett konzeptioniert, sie als Realität in sich aufgenommen (was durchaus seine Zeit braucht, aber zentrale Rolle des Erwachsenwerdens ist) oder vielleicht ist er zu sehr damit beschäftigt, anderen Menschen zur Seite zu stehen und vergisst dabei sich selbst. Wie dem auch sei, es gibt oft ein intuitives Gefühl, dass etwas arbiträres zwischen dem eigenen aktuellen Daseinszustand und dem eigentlichen Potenzial gibt, was das Voranschreiten zum Potenzial/Ideal hin hinderlich erscheinen lässt.

„Ich baue eine Grube und schubs mich selber rein […] Ich red mir selber ein, dass ich gar nichts kann“[8]. Einschneidende Zitate, die doch zutreffend genau die eigens errichtete Zelle beschreiben. Hierbei kann nur auf bereits Besprochenes am Anfang dieses Kapitels verwiesen werden. Ich werde folgend recht weit ausführen, denn die eigens errichtete Zelle ist nicht zu unterschätzen, obwohl sich dieses Werk bereits vor allem einer anderen imaginären Gefängniszelle* beschäftigt hat.

Die eigenen Vorstellungen, Meinungen und Ideologien entwickelt der Mensch allein und im Kollektiv zugleich. Dieser Fakt des gleichzeitigen Daseins als Individuum und dem Angehören einer Gruppe ist in unserer dichotomen Welt nur schwer zu begreifen. Simples Schwarz-Weiß-Denken vereinfacht uns das Leben extrem. Die Tür ist nun mal eine Tür und kein Grashalm. Das ständige Entweder-Oder, was Großteile unserer Welt ausmacht, ermöglicht uns erst, zu kommunizieren. Unterschiede prägen unser Dasein. Menschen, Zahlen, Worte, Zwecke und Meinungen, alle sind sie unterschiedlich und gleichzeitig stehen sie

---

* Imaginär ist hier nicht direkt wörtlich zu nehmen. Die Normen, die unserem Handeln bestimmte Limitierungen auferlegen, sind faktisch keine physischen Objekte wie tatsächliche Mauern aus Stein, aber dennoch haben sie reale Effekte auf uns Menschen, die sich nicht allein in unseren Köpfen manifestieren.

nicht allein und sind interdependent. Ebenso ist es mit den Normen. Sie können nur existieren, wenn es eine Möglichkeit gibt, sie zu missachten. Ausnahmen bestätigen die Regel. Eine Norm im Sinne ihrer Definition muss eine Gegenseite haben. Sonst müssten wir ihr einen anderen Namen geben, wie etwa Realität oder Wahrheit.

Es ist zwar die Norm, sich beim ersten Kennenlernen die Hand zu geben (in anderen Ländern mag es andere Normen geben), da die Mehrheit der Menschen (im jeweiligen Land) dies tut, aber eben nicht alle. Würde sich wirklich jeder einzelne Mensch diese Verhaltensweise umsetzten, ohne Ausnahme, dann würde es zur Realität, zum Fakt, dass jeder Mensch sich beim ersten Kennenlernen die Hand gibt (o.Ä.). Individuen sind der entscheidende Faktor, die dem im Wege stehen. Sie machen es nicht alle, womit die Verhaltensweise nur zur Norm der Mehrheit und nicht zur Realität aller wird. Individuen und Gruppen: Sie gehören zusammen und sich gleichzeitig getrennt voneinander.

Die Vorstellungen, die ich von der Welt habe, kann ich nicht allein meinem Verdienst zuschreiben. Mein Umfeld und meine Umwelt haben mich geprägt, prägen mich heute und werden mich auch in Zukunft prägen. Zu sagen, dass ich meine eigene Zelle errichtet hätte, ist ein zu simpler Blickwinkel, der mit der Realität nicht hundertprozentig im Einklang steht. Diesen Anteil als Faktor können wir in seiner Höhe und in seiner Auswirkung nicht bestimmen. Zur Wahrheit gehört auch, dass das Ich stets existiert. Gruppen, das Umfeld sowie die Umwelt verändern sich. Und es liegt in der Hand des Individuums zu entscheiden, wohin es, zu welcher Gruppe es gehen möchte. Obwohl selbstredend nur tatsächlich existente Gruppen zur Auswahl stehen, was dem Individuum wieder etwas von der Eigenverantwortung für sein Leben nimmt. Dabei ist aber die Chance, gänzlich neue Gruppen zu etablieren, nicht zu vernachlässigen. Diese Betrachtung führt unweigerlich dazu, die Rahmen erkunden zu müssen, in denen sich die Individuen bewegen können, und die, in denen sie sich tatsächlich bewegen. Denn ohne den Rahmen keine Limitation und auch keine Gefängniszelle. Nur ein tadellos freies Ich. Jedoch folgt nach nur kurzem Überlegen die Schlussfolgerung, welche dieses ohne Restriktion freie Ich oder Individuum obsolet macht. Freiheit braucht Limitationen, um sich für jeden Menschen manifestieren zu können. Wäre ein einziger Mensch auf dieser Erde, könnte dieser hypothetisch die absolute Freiheit besitzen. Aber auch nur, weil dieser Mensch nicht die Möglichkeit hat, die Freiheit einer anderen Person zu beschneiden (er ist ja der einzige Mensch). Gesellschaften, Familien und Gruppen bestehen bekanntermaßen aus arbiträr vielen Menschen. Sie sind alle durch Limitationen, Grenzen, Regeln, Gesetze und Normen geprägt, die auf den ersten Blick die Freiheit beschneiden mögen, aber uns diese erst nach längerem Überlegen garantieren. Im breiten Kontext von Gesellschaften akzeptieren und befolgen Massen die Regeln und Gesetze, unter denen sie leben. Es herrscht Ordnung. Meist sind es Individuen, auch wenn sich stets kriminelle Gruppen bilden, die sich dieser Ordnung entziehen, und durch das Brechen von Regeln und Gesetzen die Ordnung ins Chaos stürzen. Grundsätzlich und Ausnahmen ausgenommen, leben wir in einer geordneten Welt, in der die Mehrheit der Menschen den Regeln ihrer Gesellschaft folgt. Diese Limitationen stellen demnach kein Gefängnis da, sondern viel mehr ein sicheres Umfeld mit Grenzen, die auf eigenes Risiko überschritten werden können.

Auf der Ebene des Individuums stellt sich zu unseren Ungunsten eine Diskrepanz ein. Die Diskrepanz zwischen dem, wer wir sind, und dem, was wir sein könnten*. Wer könnten wir sein? Was das anbelangt:

---

* Regel 2 aus »Beyond Order« von Jordan Peterson (2021): »Imagine who

Wer könnte ich sein? Gibt es ein Ideal, welches ich unterschreiben würde? Jeder menschliche Austausch über Wünsche, Ziele und die Zukunft lässt mich glauben, dass wir Menschen stets eine Art Ideal in unseren Köpfen schlummern haben. Es mag nicht unbedingt ein bewusst erdachtes, durch wirkliches Auseinandersetzen entstandenes Ideal sein, aber es ist ein Anfang, auf den wir aufbauen können. Denn wir sind nicht das, was wir sein könnten. Welch ein befreiender Gedanke. Ich bin nicht in meinem Daseinszustand gefangen. Auf mich wartet nicht das unendliche Leid meiner naiven, ignoranten Existenz. Ich muss den Bürden des Lebens nicht machtlos erliegen. Ich habe Potenzial*, welches ich verwirklichen kann. Ich unterliege nicht meinen aktuellen Gedanken und Fähigkeiten, sondern habe die Macht aus eigener Kraft Kompetenzen zu entwickeln. Ich kann Verantwortung übernehmen für das für mich höchste Gut und so dem Leben eine Bedeutung verleihen, was mein Leid ertragbar oder sogar rechtfertigen kann*. Der Mensch kann ein Ideal bilden, welches das höchste vorstellbare Gut repräsentiert und sein ganzes Leben danach ausrichten. Er kann zu der

---

you could be and then aim single-mindedly at that«

* Verstehen Sie hierbei Potenzial als einen Teil des Chaos-Konzepts. Es bringt nämlich eine Veränderung bzw. eine mögliche.

* An dieser Stelle ist das Werk »Trotzdem ja zum Leben sagen« von Viktor F. Frankl (1946) zu empfehlen.

Person werden, die diesem Ideal am nächsten kommt. Dem archetypischen Helden.

Nun ist es so, dass mir in meiner persönlichen Erfahrung niemand begegnet ist, der sich dieser Idee in irgendeiner Art der Ausprägung versprochen hat, zumindest nicht für mich offensichtlich. Nicht einmal ich selbst kann hier mit gutem Beispiel vorangehen. Der Frage nach dem höchsten Gut habe bis jetzt nichts entgegenzubringen. Irgendetwas, ob nun bewusst oder, was wahrscheinlicher ist, unterbewusst, hält uns zurück. Es mögen Limitationen durch körperliche oder mentale Gesundheit sein, die uns Grenzen des Möglichen setzen. Aber, und hier kommt der springende Punkt, selbst wenn dies der Fall wäre, wie sehr reden wir uns ein, dass wir dem nicht gewachsen wären, nicht fähig seien, alles zu erreichen, was wir uns vornehmen? Es fällt dem Menschen doch sehr leicht, Verantwortung abzugeben, Ausreden zu finden und sich aus der Affäre zu ziehen. Und natürlich sind Einschränkungen in der eigenen körperlichen und/oder mentalen Gesundheit reale Probleme, mit denen Menschen zu kämpfen haben. Fair enough. Die Würfel sind gefallen und wir müssen mit dem arbeiten, was wir haben. Was hindert uns wirklich daran, unser Ideal zu erreichen? In welches Gefängnis stecken uns die eigenen Gedanken, die Selbstzweifel, aus denen es auszubrechen unmöglich scheint? Woher kommt die Fußfessel, die uns an Ort und Stelle hält? Nicht nur rein physisch gedacht, sondern in jeglicher Form, die der Mensch als positive Entwicklung anerkennt. Der Weg vom aktuellen Selbst zum Ideal, zum Helden nennen wir das Leben. Ein Prozess, den wir als hilflos und schutzbedürftig, ja gar ohne jegliche Kompetenz, beginnen. Ein Prozess ohne feste Zielgerade, die ein Ende des Entwicklungsprozesses darstellt, abgesehen vom Tod des Menschen, nach dem es ihm nicht mehr möglich ist, sich weiterzuentwickeln. Der Held, der in uns schlummert, hat keine Grenzen. Für uns gelten jedoch die Grenzen der Wissenschaften, die nicht für die Helden unserer großen Filme und Geschichten gelten. Aber wer wir als Mensch, als Vater, Mutter, Sohn oder Tochter sein könnten, liegt weit davon entfernt, übermenschliche Kräfte wie die Laseraugen von Superman zu entwickeln. Es ist viel mehr eine Frage des Erkennens des eigenen Lebens, der eigenen Existenz. Und daraufhin zu hinterfragen, welche Art von Person man sein könnte. Dies bedeutet beispielsweise, und zwar mit voller Ernsthaftigkeit, sich folgende Fragen zu stellen: »Wer könnte ich sein, wenn ich erreiche, was ich vorhabe? Wie würde dieser Mensch handeln, denken, was würde er wissen? Welche Dinge mache ich gerade, die mich zurückhalten, die meiner Entwicklung im Wege stehen, die ich ändern könnte? Wer und/oder was hält mich zurück und welche Schritte kann ich gehen, wenn die Antwort darauf *ich* lautet?«

Dies bringt uns unweigerlich zurück zum Anfang dieses Parts: »Ich red mir selber ein, dass ich gar nichts kann[8]«. Es stellt sich also die Frage, wie das eigene Gefängnis entsteht. Aus welchen Ziegelsteinen sind die Mauern errichtet, aus welchem Material die Gitterstäbe geformt? Nicht bildlich gesprochen bedeutet dies Folgendes: Welche Verhaltensweisen und Gedanken legt der Mensch an den Tag, die für ihn mehr schlecht als recht sind? Hier kommen, auch wenn sie nicht das ganze Spektrum meiner ausgeführten Proposition darstellen, wieder die Normen ins Spiel*. Die Normen, denen wir konform sind, die uns aber mehr aufhalten als uns weiter voranzubringen. Auch wenn wir die schlechten Normen* nicht eigenhändig erschaffen haben, sind sie dennoch im Kollektiv menschengemacht, wodurch sie auch wieder zum Teil

* Die eigens erbaute Zelle, die den Menschen zurückhält, kann beispielsweise durch ein gemindertes Selbstwertgefühl, Orientierungslosigkeit, eine der Heldenentwicklung nicht dienlichen Erziehung und weitere Faktoren entstehen. Auf jeden Fall macht sich das Gefühl breit, sich selbst im Weg zu stehen, wobei der Auslöser (zumindest im Kontext dieses Buches) nicht von primärer Bedeutung ist. Hier ist aber leider nicht der Ort, dies noch tiefer zu ergründen.

* Mangels eines besseren Wortes. Normen die wenig Nutzen stiften.

selbst erbaut sind. Diese Normen sind es, die die Zelle konstituieren.

Das Leben beginnt mit dem Ende der Komfortzone

Wie bereits festgestellt, sind manche Menschen aufgrund ihrer Persönlichkeit eher dazu geneigt, die Regeln zu brechen. Andere wiederum finden es wichtig, den Normen treu zu bleiben. Und beide haben recht. Zentral ist es, offen für beide Herangehensweisen zu sein, stetig im Austausch zu bleiben, um zu erkennen, wann der Zeitpunkt reif ist, einer Norm zu misstrauen oder nicht. Essenziell ist das Verständnis, dass nicht öffentliche Normen keine verbindlichen, strafrechtlich verfolgbaren Gesetze sind, die niemals gebrochen werden dürfen. Normen werden zwar von der Mehrheit erschaffen, doch die Mehrheit entscheidet nicht, ob ein Individuum in ihr eingeschlossen ist. Es liegt in der Verantwortung des Individuums, eine Entscheidung zu treffen. Eine Entscheidung für oder gegen die Norm. Eine Abwägung, die nach dem Lesen dieses Buches hoffentlich eine leichtere, weisere und selbstsichere sein wird. Normen legen einen Teil unseres Handlungsrahmen fest und gleichzeitig, aufgrund ihrer Verbundenheit, formen sie unser Denken. Wir sollten uns dies voll bewusst machen und mit vielen Gedanken verbunden anfangen, einen eigenen Rahmen zu formen und vor allem unseren bereits vorhandenen erkunden und hinterfragen. Denn was heißt es, wenn der Mensch Normen befolgt, die nicht mit seinen Überzeugungen übereinstimmen? Er würde in dem Rahmen leben, den die Normen für ihn geschaffen haben. Was so viel bedeutet wie ein Leben für die Überzeugungen anderer zu leben. Aber da ein souveränes Individuum in Freiheit lebt, benötigt es seinen eigenen, nennen wir es internen, Rahmen. Als externer Rahmen stehen die Gesetze und weitere Externalitäten, auf die das Individuum wenig, bis gar keinen Einfluss nehmen kann. Was nicht bedeutet, dass Individuen zusammengeschlossen als Gruppe keine Macht hätten, die Welt zu prägen. Bleiben wir bei dem Bild des gemauerten Gefängnisses. Zunächst müssen wir es erkennen, es ertasten und realisieren, dass wir tatsächlich in einem gefangen sind (vielleicht sind Sie es ja gar nicht). Es hindert uns an der Entwicklung, am Streben nach dem höchsten Gut, die beste Version unserer selbst. Es sei erneut darauf hingewiesen, dass ein Rahmen essenziell für die Garantie der Freiheit ist (die Freiheit des einen hört da auf, wo die Freiheit des anderen anfängt). Nun sollte es jedoch kein Gefängnis sein, sondern eher etwas wie unser eigens errichtetes Haus, welches wir nach unseren Vorstellungen bauen. Und dies, wie beschrieben, in vollem Bewusstsein und nach ausgiebigem Überlegen. Welche Steine (Normen) sind bereits vorhanden, die weiterhin Bestandteil der Mauern sein sollen, und welche sind nicht mehr zu gebrauchen? Dabei ist stets zu bedenken, dass Normen nicht ohne Grund entstehen oder entstanden sind. Viele Menschen, dabei viele Menschen klüger als Sie und ich, haben dabei mitgewirkt*. Normvorstellungen aufgrund einer einzigen Situation oder eines beliebigen Gefühls über Bord zu werfen, ist ein zu endgültiger Schritt für die Kurzlebigkeit des Auslösers. Grundsätze (Normen), die den Rahmen unseres Lebens bilden, verdienen Grundsatzdiskussionen mit wohl formulierten und durchdachten Argumenten, die einer Opposition standhalten.

Der Mensch ist nicht sein Äußeres, nicht sein Besitz und auch nicht jedwede andere Externalität. Der Mensch ist auch nicht seine Emotionen und Gefühle, seine Vergangenheit oder Zukunft. Er existiert nur im Jetzt, durch seine aktiven Gedanken und Taten. Wie bereits gesagt, es ist nicht schlimm, sein Potenzial nicht ausgeschöpft zu haben, schlimm ist es, sich nie getraut zu haben sein wahres Potenzial zu erkennen. Denn die

---

* Regel 9 aus Jordan Petersons (2018) »12 Rules for life: »Assume that the person you are listening to might know something you don´t«

Frage ist, mit welchen Gitterstäben in Form von Normen und gedankenproduzierten Limitierungen der Mensch sich selbst gefangen nimmt. Sein eigenes Potenzial zu erreichen, hängt von so extrem vielen Faktoren ab, sodass es keine Schande ist, es nicht zu verwirklichen, solange es versucht wurde. Aber sich selbst klein zu halten, sich von Normen aufhalten zu lassen und Lügen zu glauben, ist nicht nur ein Verbrechen an die Welt, die auf ihren positiven Einfluss wartet, aber vor allen Dingen ein Verbrechen sich selbst gegenüber. Hier kommt erneut das höchste Gut, das Ideal zum Tragen, welches wir vorher bereits beleuchtet haben. Richten wir unser Leben danach aus, unser Potenzial oder in anderen Worten *uns* ideal zu verwirklichen, dann bedeutet dies nicht unbedingt Erfolg. Aber es bedeutet Fortschritt, in welch großen oder kleinen Schritten auch immer, in eine Richtung, die besser für uns selbst, unser näheres Umfeld und in großem Stil extrahiert auch für die Welt ist als unser aktueller Daseinszustand. Vielleicht ist dies eine valide Antwort auf die Frage nach dem Sinn des Lebens. Wie viel besser könnte Ihr Leben sein, wenn Sie aus der selbst gebauten Zelle ausbrechen würden? Wie viel besser könnte Ihr Leben sein, wenn Sie Ihre Komfortzone verlassen und sich damit an einen Ort des Wachstums begeben würden? Zu viel Ordnung lässt den Menschen schrumpfen, da sie ihn nichts Neues probieren lässt. Zu viel Chaos lässt den Menschen seinen Verstand verlieren, da sich alles zu schnell verändert. Es ist die Balance zwischen Ordnung und Chaos, welche die Welt in Balance hält. Wagen Sie es, Ihr Potenzial zu sehen, denn sonst werden Sie den Rahmen um sich herum nie an Ihre Bedürfnisse, Ihre Vorstellungen anpassen. Sie werden das Leben eines anderen verwirklichen bzw. an diesem Versuch scheitern. Das Leben ist schwer und anspruchsvoll. Für die eigenen Überzeugungen eintreten – das gibt den Menschen Kraft. Ein Ziel, ein hohes Gut, nach dem wir uns ausrichten können, gibt Orientierung in der Welt und legt einen begehbaren Pfad frei. Dieses Gut zu erreichen ist anspruchsvoll, vielleicht sogar unmöglich. Doch in einer Gefängniszelle voller Normen zu sitzen, ist für die Entwicklung zu unserem Potenzial nicht von Vorteil. Wer soll einen solchen Gefangenen fair bewerten und fingerzeigend anklagen, dass er sein Potenzial nicht ausschöpft[*]? Von wem auch immer gefangen genommen, wir sollten versuchen auszubrechen und uns wagen, unser Potenzial zu erkennen[*].

---

[*] „Jeder von uns hat ein unglaubliches Potenzial. Aber wenn ein Fisch daran gemessen wird, wie gut er auf einen Baum klettern kann, wird er immer denken, er wäre dumm.“ – unbekannt

[*] Es gibt folgenden Trinkspruch zum Anstoßen: Fürchte nicht die Hölle, sondern dass dir Gott zeigt, wer du hättest sein können.

Wenn der Rahmen sich erweitert

Der persönliche Rahmen eines Menschen besteht nur zu einem Teil aus seinen Normvorstellungen. Seine Tugenden, seine Spiritualität und/oder Religiosität, seine Erfahrungen, Regeln und Grenzen gehören ebenso dazu. Anzumerken ist erneut die doch recht inflationäre Nutzung des Wortes *Norm*, die durchaus für Verwirrung sorgen kann. Es ist nicht auszuschließen, dass ich selbst das ein oder andere Mal den Begriff nicht hundert Prozent korrekt genutzt habe. Sehen Sie mir dies nach und nutzen Sie es als Chance, eigenständig Gedanken zu fassen.

Wenige besondere Menschen haben es geschafft, ihren persönlichen Rahmen so zu gestalten, dass andere diesen mit offenen Armen begegneten. Ein Beispiel zu nennen, welches dies zu hundert Prozent darstellen würde, ist zum einen nicht möglich und zum anderen nicht die Absicht meiner Aussage. Mir geht es um ein Wort, dass im Deutschen nicht annähernd so schön ist wie im Englischen. Legacy, was wir das Vermächtnis nennen. Jesus, der Prophet Mohammed, Bruce Lee. Alles Menschen, die noch heute leben, weil sie sich ein Vermächtnis aufgebaut haben. Sie lebten eine Philosophie, an die sich die Menschen auch nach ihrem

Tod erinnern und danach leben. Kant sagt, dass wir nur nach derjenigen Maxime handeln sollen, durch die wir zugleich wollen können, dass sie ein allgemeines Gesetz werde[9]. Wieso also nicht selbst nach dem eigenen Ideal streben? Wieso nicht den perfekten Rahmen bilden, der das Potenzialschöpfen erst möglich macht? Wenn Leute unseren Rahmen als gut befinden, können sie diesen übernehmen, bis dieser vielleicht sogar eine Norm bildet, die die Welt verändert. Es muss aber natürlich nicht die Welt sein, die wir zu verändern versuchen. Das eigene Leben, die eigene Familie oder seine Community positiv zu formen, ist alle Mühe wert.

Abschließende Worte

Abschließend bleibt noch zu klären, inwiefern der Rahmen*, den Normen um uns herum kreieren, unsere Freiheit beeinflusst. Denn es ist recht simpel zu argumentieren, dass wir in Deutschland, rein rechtlich gesehen, sehr frei sind*. Es gibt keine Gesetze, die mich

---

* Er muss nicht immer eine Gefängniszelle sein.
* Relativ gesprochen. Eine komplette Freiheit wird es für den Menschen nicht geben.

davon abhalten beispielsweise eine bestimme Karriere einzuschlagen. Es herrschen Religions- und Meinungsfreiheit sowie viele weitere Freiheiten, die mir das vollständige Ausleben meines Charakters erlauben*. Aber Gesetze sind nicht die einzige Voraussetzung für Freiheit. Eine Norm, die eine Verhaltensweise zum Standard macht, kann mich darin aufhalten, eine dazu konträre Verhaltensweise an den Tag zu legen. Auf der anderen Seite bin ich frei, diese Norm nicht zu beachten. Dennoch ist es die Norm, Normen zu befolgen. Deshalb ist es wohl leichter gesagt als getan eine schon lang etablierte Norm zu brechen. Aber wer hat je behauptet, dass ein Leben in Freiheit einfach sei? Es spricht sogar sehr viel dafür, dass alles, was bedeutsam und erstrebenswert ist, hart zu erreichen ist. Von daher kann ich Ihnen nur ans Herz legen, dass Sie sich genau vor Augen halten, was Sie wollen sowie das, was Sie wollen sollten*. Vereinbaren Sie mit sich, dass Sie ein hohes Gut anvisieren, welches keinen anderen Menschen schlechter stellt, aber Sie mindestens besser. Schauen Sie in sich hinein und finden Sie den passenden Weg zwischen den Normen und dem Außergewöhnlichem. Seien Sie produktiv,

---

* Detailfragen ungeachtet.

* Vielleicht sollten Sie eine stabile Familie, einen gesunden Lebensstil oder eine Vision für Ihr Leben wollen. Zumindest würde ich dies meinen Freunden raten.

fair und machen Sie etwas, worauf Sie stolz sein können. Lassen Sie sich nicht von Ideologien bzw. einer einzigen Wahrheit* leiten. Die Welt und der menschliche Geist sind zu komplex, sodass es auf große und wichtige Fragen eine einfache Antwort gäbe. Hoffentlich finden Sie so die Balance im Leben, nach der so viele streben. Denn Sie sind ein ganz normaler Mensch, aber gewiss auch etwas Besonderes.

Alles hat ein Ende

Die Physiologie des menschlichen Körpers beschreibt die normalen, von der Natur vorgesehen Abläufe, die in den Zellen und Organen vor sich gehen. Wenn Ihr Herz gerade Blut durch die Adern pumpt, dann ist das ein physiologischer Vorgang. Gegenspieler der Physiologie ist die Pathologie, die Krankheitslehre. So wie es pathologische, also krankhafte, Lügner gibt, so gibt es pathologische abnormale Vorgänge im menschlichen Körper. Alle Krankheiten, die Ihnen bekannt sind, vom Herzinfarkt bis zum Fußpilz, sind Dinge, die nicht dem normalen gesunden Körper zuzuschreiben sind. In der Medizin ist diese Unterscheidung das A und O. Im

---

* Hier sind weniger Religionen gemeint und mehr Ideologien, wie der Marxismus. Auch wenn sich der Kapitalismus recht funktionstüchtig und produktiv zeigt, lebt die Menschheit ihn nicht vollkommen aus.

Großen und Ganzen macht die Medizin nichts anderes als Physiologie von Pathologie zu unterscheiden und pathologische Abläufe wieder physiologisch zu machen. Sie und ich müssen keine medizinische Ausbildung absolviert haben, um zu verstehen, dass die Unterbrechung oder Verhinderung der normalen Herzfunktion als negativ einzustufen ist. Ohne den Blutzyklus kann der Menschen nicht überleben. Ein Vorhofflimmern ist nicht normal, nicht gut und es wäre weise, dies zu beobachten und zu behandeln. Wir wollen zurück zur Norm, als ginge es um Leben und Tod. Denn es geht um Leben und Tod. Völlig eindeutig ist die Einschätzung, dass ein Vorhofflimmern und ein Herzinfarkt eine pathologische Manifestation sind, die einen Behandlungsbedarf indizieren. Eine Normabweichung, die nicht zu dulden ist. Wie das Unterbrechen eines Redners. Das Prinzip bleibt gleich. Doch wie bereits besprochen, gibt es auch Normabweichung, die zumindest zu dulden, manchmal sogar wünschenswert sind. Grüne Haare sollten geduldet und Diktaturen zerschlagen werden. Dasselbe finden wir auch in der Welt der Krankheiten wieder. Das Downsyndrom ist eine Abweichung der Norm. Wir dulden* diese Abweichung. Ein Krankheitsbild,

* Ich bin hier bei demselben Wort wie bereits vorher treu geblieben. Es geht in diesem Kontext um keine Krankheit per se, sondern darum einen Punkt

von dem ich mich erinnere als Kind in Verbindung gebracht worden zu sein, möchte ich nun mit Ihnen diskutieren.

Hyperaktivität ist eine psychische Störung, charakterisiert durch impulsives und unangemessenes Verhalten. Vor allem in der Schule fällt Hyperaktivität auf. Für mich kein Zufall, denn an welchem Ort kann ein aktives, vor Energie strotzendes Kind besser auffallen als auf der Schulbank*? Von null bis sechs wurde dem Kind das Sprechen und Laufen beigebracht und plötzlich soll es stillsitzen und leise sein. Viele Temperamente, die wir teilweise bereits besprochen haben, führen zu einem Verhalten, das mehr an eine Hyperaktivität erinnert als andere individuelle Eigenschaften. Nehmen Sie ein Kind, welches extrovertiert, kreativ und enthusiastisch ist. Wird es gerne stillsitzen, nicht mit anderen reden, sich auf eine einzige, ihm langweilig erscheinende, Aufgabe konzentrieren? Wird es nicht eher mit anderen das Gespräch suchen, mehrere Dinge interessant finden und seine Aufmerksamkeit spannenderen Dingen als den Unterricht widmen? Ist das Verhalten solcher Kinder tatsächlich als pathologisch einzuschätzen oder nicht

---

zu bringen.

* Auf einer komplett roten Leinwand sind unterschiedliche Rottöne schwerer voneinander zu unterscheiden als ein blauer Punkt in der Mitte.

mehr als nur nicht den Schulnormen entsprechend? Ich denke es ist nicht abwegig zu behaupten, dass die eine oder andere Zuschreibung einer Hyperaktivität in einer anderen Schulumwelt wegfallen würde. Vielleicht würde jegliche Hyperaktivität wegfallen, wenn das Lebensumfeld nicht die gegenteiligen Eigenschaften der Hyperaktivität als Norm, als gesund definieren würde. Und auch wenn es so klingen mag, als würde hier ein Plädoyer gegen die Diagnose »Hyperaktivität« gehalten werden, brauchen wir eine Norm für ein gesundes Level an Aktivität. Oder brauchen wir dafür keine Norm? Denken Sie darüber nach, diskutieren Sie mit sich selbst. Hier werden Sie keine Antwort darauf finden, nur diesen Denkanstoß.

Homosexualität ist in Deutschland nicht pathologisch kategorisiert. Zumindest im Vergleich dazu, wie es früher einmal war. Leider gibt es nach wie vor Personen, die eine andere, negative Meinung haben. Dies ist nicht schön zu reden oder herunterzuspielen, wird hier jedoch lediglich als Fakt genannt. Eine Norm stellt sie allerdings auch nicht dar. Die meisten Menschen sind nicht homosexuell (oder haben sich ggf. nicht geoutet, vielleicht sogar gerade weil es nicht der Norm entspricht) und wir haben es dennoch geschafft, das Gegenteil zu entpathologisieren. In anderen

Ländern steht die Norm der Heterosexualität auf einem Podest und ist der Normabweichung Homosexualität übergeordnet. Für jede Seite gibt es Argumente, die die eine oder andere Herangehensweise an das Thema Homosexualität rechtfertigen*.

Es ist sehr ratsam, die Konzepte und Ideen, die als Grundlage für die essenziellen, Ihre Moral ausmachenden Normen dienen, weitreichend durchdacht zu haben. Seien Sie fähig, Ihre Normvorstellungen präzise zu beschreiben und erklären zu können. Eignen Sie sich zudem an, keine abblockende Wand für Gegenargumente zu sein, sondern zuhören zu können und sich würdevoll eine Niederlage eingestehen zu können, wenn es dafür an der Zeit ist. Kennen Sie Ihr Ethos in- und auswendig, leben Sie ihn. Doch erlauben Sie die Möglichkeit, dass eine Herausforderung Ihrer Vorstellungen berechtigt und erfolgreich erfolgen kann. Erkunden Sie Ihre Identität und erkennen Sie das Individuum, das Sie sind. Erinnern Sie sich an das Bild der Medaille mit ihren zwei Seiten: *gute* Normen - *schlechte* Normen? Nun, um die Beschaffenheit von Normen zu erklären, war dieses Bild akkurat. Doch wir haben eine weitere Medaille kennengelernt, die wir nicht als solche

* Argumente schierer Homophobie sind zu entmächtigen. Argumente aus religiöser Sicht sind tolerierbar, wenn nicht sogar zu tolerieren.

betrachten dürfen. Konservativ vs. Liberal. Sie sind ein Individuum, welches sich, nicht auf einer Seite der Medaille, sondern verteilt auf dem Spektrum wiederfindet. Die meisten Menschen sind nie nur liberal oder nur konservativ. Vielleicht tendieren Sie dazu, bestimmte Normen eher zu befürworten, vielleicht ist auch das Gegenteil der Fall. Finden Sie dies für sich selbst heraus, doch kleben Sie sich nicht auf einer Seite fest. Bleiben Sie flexibel und pauschalisieren Sie nicht das Für oder Wider. Entscheiden Sie bei jeder Norm neu, bleiben Sie objektiv und betrachten Sie Thematiken von mehreren Blickwinkeln. Stellen Sie Ihre eigenen Normen in Frage und haben Sie die Mittel, Ihre Normtaten* präzise zu erklären. Wissen Sie, weshalb die Ehe existiert? Wissen Sie, weshalb unsere Kultur einen Weihnachtsbaum aufstellet, ihn schmückt und mit Leuchtkerzen verziert? »Wegen der Tradition« ist keine suffiziente Antwort, die einen Angriff abwehren könnte. Wir haben viele Normen angegriffen und besiegt. Häufig, weil der Angriff bessere Argumente vorbrachte. Doch es ist durchaus möglich, eine Norm zu verlieren, weil sie nicht stark genug ist, sich zu

---

* Ihr Befolgen von Normen. Vielleicht betrachteten Sie es als Norm in Ihrem Leben, eine Ausbildung zu machen oder zu studieren. Vielleicht haben Sie geheiratet. Vielleicht stellen Sie jedes Jahr einen Weihnachtsbaum auf.

verteidigen, obwohl die Norm vielleicht eine wichtige wäre. Es mag sein, dass Sie tief in sich drin wissen, dass eine Norm richtig und wichtig ist, doch als eine mächtige Verteidigung kann die Intuition nicht dienen. Wappnen Sie sich mit handfesten, widerstandsfähigen, faktenbasierten Argumenten, welche Sie vollends durchdacht haben. Ihnen dieses Argumentieren zu lehren, war nicht Ziel dieses Buches, es sollte Sie am Ende genau hierherführen. Sie wurden bis zu diesem Punkt begleitet, mit den Basics versorgt. Sie haben erfahren, welche Möglichkeiten es gibt, Normen einzuordnen und inwiefern Menschen dazu neigen, sich für eine Seite zu entscheiden. Nun ist es an der Zeit, allein weiterzumachen. Meine Arbeit ist hiermit getan.

Abschließend finden Sie zwei Szenarien, die darstellen, wie eine Defensive scheitern und wie sie standhaft bleiben kann. Tauschen Sie lediglich die Norm und die jeweiligen Argumente aus, um Ihren Fall darzustellen. Und glauben Sie keine Sekunde, dass diese Übung schwachsinnig ist. Diese Übung prägt scharfsinniges Denken. Sie üben das Formulieren und Darlegen von Argumenten für Dinge, die eine zentrale Rolle in Ihrem Leben darstellen. Die folgenden Szenarien gehen um Weihnachtsbäume, doch verkennen Sie nicht die Möglichkeit, dass Sie Normen verteidigen oder angreifen müssen, die eine größere Tragweite haben.

Es ist besser, ein Krieger in einem Garten zu sein, als ein Gärtner in einem Krieg.

<u>Szenario A</u>

Normkritiker: „Wieso stellen Sie einen Weihnachtsbaum auf? Ist doch voll unnötig.“

Normtäter: „Na ja, so aus Tradition halt. Wir machen das schon immer.“

Normkritiker: „Das ist doch schon völlig überholt.“

Normtäter: „Ich finde einen Baum einfach schön.“

Normkritiker: „Ach, es gibt so viele schöne Sachen, die man in seiner Wohnung platzieren könnte. Aber dieser Baum ist teuer, er macht nur Dreck und wird nach ein paar Wochen einfach weggeworfen.“

Normtäter: „Das stimmt, aber mhm…“

Sucht nach Gegenargumenten

Normkritiker: „Es ist enormer Aufwand, nicht nachhaltig und die Geschenke für die Kinder kann man auch woanders lagern.“

Normtäter: „Ist ja schon gut. Ich werde nächstes Jahr keinen mehr kaufen.“

Szenario B

Normkritiker: „Wieso stellen Sie einen Weihnachtsbaum auf? Ist doch voll unnötig.“

Normtäter: „Na ja, so aus Tradition halt. Wir machen das schon immer.“

Normkritiker: „Das ist doch schon völlig überholt.“

Normtäter: „Ich finde einen Baum einfach schön.“

Normkritiker: „Ach, es gibt so viele schöne Sachen, die man in seiner Wohnung platzieren könnte. Aber dieser Baum ist teuer, er macht nur Dreck und wird nach ein paar Wochen einfach weggeworfen.“

Normtäter: „Das stimmt, aber der Aufwand und die Arbeit bringt unsere Familie zu dieser Zeit näher zusammen. Außerdem hat der Baum einen symbolischen Wert, welcher mit nichts aufgewogen werden kann.“

Normkritiker: „Was denn für ein Symbol? Ist doch nur ein Baum.“

Normtäter: „Am dunkelsten Tag des Jahres leuchtet der Baum in unserer Mitte, um uns zu zeigen, dass es immer ein Licht in der Dunkelheit geben wird. Das Licht am Ende des Tunnels, als Symbol der Hoffnung. Außerdem ist der Tannenbaum ein Zeichen des Lebens."

Normkritiker: „Ähm…"

Ein vereinfachtes Planspiel, aber Sie verstehen schon. Ich denke, ich könnte auch ohne Weihnachtsbaum auskommen. Doch was ist, wenn existenziellere Normen in Frage gestellt werden? Könnte ich unsere Demokratie verteidigen? Gleichzeitig müssen wir ebenfalls unsere Argumente gut durchdacht und zurechtgelegt haben, wenn wir eine Norm stürzen wollen. Könnten Sie eine Diktatur wortgewandt und stichhaltig kritisieren und mehrdimensional begründen, weshalb sie nicht zu befürworten ist? Oder fällt Ihnen nicht viel mehr ein als: »Ja, eine Diktatur ist halt unfair.«

Es ist wie bei dem Spiel Pokémon. Sie dürfen sich am Anfang für eines von drei Pokémon entscheiden, welches sie als ersten Partner für Ihr Abenteuer auswählen müssen. Drei Pokémon: Typ Gras, Wasser oder Feuer. Dafür, enthalten oder dagegen. Wägen Sie Vor- und Nachteile ab. Bei der einen Spielreihe nehmen Sie Typ Gras, bei der nächsten Typ Wasser usw. Treffen Sie eine mündige Entscheidung, bei der es kein richtig oder falsch gibt. Sie müssen Ihre Entscheidung nur gut begründen können. Aber natürlich kann eine Entscheidung für eine Diktatur falsch sein (zumindest, wenn viele Menschen scharfsinnig Gegenargumente gegen Diktaturen parat haben). Vielleicht ist sie es aber auch, in einer menschlichen Kultur der Güte, die richtige Entscheidung gegen Diktaturen zu sein. Doch über richtig und falsch kann lange diskutiert werden. Außer über die Entscheidung des Starter-Pokémons. Es ist eindeutig Glumanda. Schluss, aus,

Ende

Nachwort

In diesem Buch über Normen wurde die Thematik zwar objektiv durchleuchtet, allerdings mit vielen Einblicken in die Gedankenwelt des Autors selbst, wodurch deutlich wurde, weswegen er diese Arbeit begann. Er macht sich über die verschiedensten Dinge Gedanken, meist auf eine philosophische Weise, und möchte wissen, wie es dazu kam und warum es ist. An genügend Stellen wird ausreichend Interpretationsspielraum für einen selbst gelassen, sodass der Denkanstoß weitergedacht werden kann, nachdem eine Zustimmung oder eben keine erfolgt ist. Sehr wahrscheinlich wird jede:r Lesende:r, je nach Lebenssituation, ein ganz eigenes Lesegefühl erfahren und mit den unterschiedlichsten Gefühlen und Gedanken das Buch beenden. Ein Buch Korrektur zu lesen, ist eine ganz besondere Aufgabe. Vor allem, dies als Laiin und für einen Freund zu tun. Nach Ein Freigeist, ein Bleistift und ein paar Blatt Papier (Hagemann, 2022) habe ich gelernt, dass nach dem Druck sehr wahrscheinlich dennoch ein (oder mehr) Fehler zu finden ist. Das kann ich aufgrund meines Perfektionismus nur schwer akzeptieren, weswegen ich aber immer akribisch nach Fehlern suche, um ja keinen zu verpassen. Daher bestand ich sogar darauf, dieses Buch zweimal Korrektur zu lesen. Bei Erik muss ich da allerdings nicht lange suchen, was die Arbeit nicht unbedingt leichter macht. Von vergessenen Buchstaben, Wortendungen oder ganzen Wörtern, über unkorrekt gesetzte Anführungszeichen bei wörtlicher Rede, bis hin zu einem ungewöhnlichen Satzbau. Es kam zu einem Punkt, an dem ich mich fragte: ‚Wie hast du dein Abitur bestanden und bist du überhaupt Muttersprachler?‘ Und das meine ich ernst. Am Ende ist jedoch der Inhalt entscheidend. Es besteht immer eine gewisse Unsicherheit darüber, wie sehr eingegriffen werden sollte. Wann geht es noch um die Grammatik und wann ist es schon ein persönlicher Schreibstil (den ich dem Buch nicht nehmen will)? Erik zeigt hier beispielsweise seine Handschrift durch Aufzählungen ohne und. Sie verstehen mit Sicherheit, was ich meine.

Dank

Mein Dank gilt all den wunderbaren Menschen, die ich zu meiner Familie zähle. Mein Dank gilt euch, weil ihr mich zu dem macht, der ich bin. Eure Liebe, Unterstützung und weisen Worte geben mir Kraft, Richtung und Hoffnung. Ein Tag der vergeht, an dem ich nicht an euch denke, ist ein verlorener. Ohne Euch wäre ich jemand anders und jemand anders wäre jemand der ich nicht ich bin. Besonderer Dank gilt meiner Editorin, der es unmöglich ist einzuschätzen, wie wertvoll ihre Hilfe für mich war. Ohne deine Unterstützung wäre dieses Buch nicht möglich gewesen. Ich danke dir für deine Ausdauer und deine Ratschläge. Ich hoffe, dass wir weiter in Freundschaft an Büchern arbeiten werden.

-

Mama, die wie kein anderer an mich glaubt.

Papa, der mich verantwortlich hält.

Oma, die dafür sorgt, dass ich ein guter Junge bleibe.

Tim, der mit Brot und Coach stets einen Platz für mich hat, der »Zuhause« heißt.

Lukas, der mir zeigt, dass alles möglich ist.

Georg, der mit seiner Balance mir ein großes Vorbild ist.

Jannik, dessen Humor ich nicht mehr missen möchte.

Julia, die es immer schafft für mich da zu sein.

Florian, der auf seiner Wellenlänge ein Surfboard für mich freihält.

Ricarda, die mir mehr beibringt, als ich ihr je könnte.

Emely, die eine ansteckende Ruhe ausstrahlt.

Phillip, der mich mit all seinen Fähigkeiten erstaunen lässt.

Ornella, die mir zeigt, wie wichtig es ist niemals aufzugeben.

Anmerkungen

1. Definition des Wortes *Regel* stammt aus dem Duden. Am 21.09.2022 wurde diese auf der

Internetseite des Dudens abgerufen: https://www.duden.de/

2. Definition des Wortes *Vorschrift* stammt aus dem Duden. Am 21.09.2022 wurde diese auf der Internetseite des Dudens abgerufen:
https://www.duden.de/

3. Dies ist kein explizites Zitat, sondern eine zentrale Idee von Jonathan Haidts Buch *The Righteous Mind: Why Good People are Divided by Politics and Religion.*

4. *Eine kurze Geschichte der Menschheit* von Yuval Noah Harari wird ab hier öfters direkt, sowie indirekt zitiert. Hagemann nutze sein aus dem Buch erschlossenes Wissen, vernachlässigt dabei das indirekte zitieren. Erklären lässt sich dies zum Einen aus Gründen des Leseflusses und zum Anderem aus Gründen des Überleitens von Hagemanns kurzen Ausführungen hin zu Hararis gesamten Werk.

5. Hagemann zitiert hier indirekt den Artikel *Deutsche Sprache - vor 1800 Jahren hätte dich keiner verstanden*, welchen er auf der Internetseite rhetorik-netz.de fand.

6. Johann Christoph Gottsched war eine bedeutende Figur, als es um die Definition einer deutschen Sprachnorm ging. Zitiert wird hier von dessen Wikipedia Artikel. Recht ungewöhnlich hier eine Anmerkung zu setzen, da diese Information grundsätzlich als logisch anzusehen ist. Dies zeigt jedoch Hagemanns Hingabe zu dem Thema.

7. Hagemann verwendet hier Aussagen von Jordan B. Peterson. Enstanden sind diese in einem Interview mit Patrick Bet-David. Auf YouTube zu finden unter dem Titel: *Jordan Peterson Emotional Interview with Patrick Bet-David.* Zusätzlich hat Hagemann einen eigenen großen Wissenstand über dieses Thema.

8. Das Lied *Mach mal Platz für dich selber* der deutschen Gruppe *SDP* wird von Hagemann öfters erwähnt.

9. Auch wenn Hagemann im Groben mit Kants Idee des kategorischen Imperativs vertraut ist, zitiert er hier den Wikipedia Artikel des deutschen Philosophen.